Angloamerika

Oberstufe

TERRA

Lehrerband

Ernst Klett Verlag
Stuttgart · Leipzig

Inhaltsverzeichnis

TERRA Lehrerband Oberstufe Angloamerika
ISBN: 978-3-12-104740-6

Didaktische Struktur:
Angloamerika – Raum der unbegrenzten Möglichkeiten?

Einstieg, Zielorientierung, Strukturierung

Auftaktseite: Angloamerika – Raum der unbegrenzten Möglichkeiten (S. 6)
- „The American Dream" – Einbeziehung von Vorwissen
- Vorurteile und Klischees
- Strukturierung von Leitfragen

Zusatzangebote Klett (Auswahl)

Methodenkenntnis

Karikaturen auswerten (S. 7)
- „A cartoon tells more in a few lines than do ten thousand words" – Fragen zur Entschlüsselung einer Karikatur
- Arbeitsschritte zur Auswertung einer Karikatur
- Praktische Anwendung

USA – Image und Selbstdarstellung

Die Welt aus der Sicht der USA (S. 8)
- Die Welt aus der Sicht der USA
- Obamas Selbstverständnis
- Kritische Sichtweise der Elite Amerikas

Die USA aus der Sicht anderer (S. 9)
- Chinas, Russlands und Europas Blick auf die USA
- Die USA aus der Sicht von Karikaturisten

Kulturerdteil Angloamerika (S. 10/11)
- Begriffsklärung „Kulturerdteile"
- Ansätze zur Gliederung der Erde
- Angloamerika als Kulturerdteil
- Die „amerikanische Kultur" – Klischee und Wirklichkeit

Kulturerdteile
- www.klett.de/alias/ 1004296
- Haack-Weltatlas: S. 258 (2)

Schülerbuch Seiten 6 bis 11

1 Angloamerika – Raum der unbegrenzten Möglichkeiten?

Angloamerika, also Kanada und die USA waren und sind für viele Menschen ein Hoffnungsschimmer. Beide Staaten gelten jeweils als Land der unbegrenzten Möglichkeiten, vom „American Dream" ist die Rede. Zum amerikanischen Optimismus gehört der Ausspruch „Dust Yourself Off and Try Again" (Dreck abwischen und es wieder versuchen). Ist es wirklich so, dass in beiden Ländern jeder seines Glückes Schmied ist oder handelt es sich dabei nur um ein Klischee? Können sowohl Kanada als auch die USA diesem Anspruch überhaupt gerecht werden? Wie sieht die Lebenswirklichkeit in den USA aus? Welchen Anspruch erheben beispielsweise die USA, wie werden sie aus der Perspektive anderer Staaten (Regierungen, Menschen) gesehen? Diesen und vielen anderen Fragen wird in diesem Themenband nachgegangen. Eine besondere Rolle nehmen dabei Karikaturen ein.

Abweichend vom klassischen Muster, zunächst den Naturraum in den Blick zu nehmen, wird in einem Einleitungskapitel Angloamerika als Kulturerdteil unter dem Aspekt von „Weltsichten" thematisiert. Neben fachinhaltsbezogenen Kompetenzen stehen dabei prozessbezogene Kompetenzen im Vordergrund. Da Karikaturen einen besonderen Stellenwert haben, soll eine entsprechende Methodenseite die notwendigen Grundlagen zur Auswertung von Karikaturen legen. Der weitere inhaltliche Zugriff auf den zu untersuchenden Raum erfolgt über den Menschen bzw. die Besiedlung des Kontinents. Erst auf die Betrachtung der USA als Stadtland und des sekundären und tertiären Sektors folgt im Rahmen der landwirtschaftlichen Nutzung des Raumes der Einbezug der naturräumlichen Grundlagen und Charakteristika. In gewissem Sinne schließt das abschließende fünfte Kapitel den Bogen zum Einstiegskapitel.

Zur Ergänzung bzw. Vertiefung können entsprechende Kapitel herangezogen werden, die in TERRA Erdkunde Oberstufe, Ausgabe N (Klett Verlag, 978-3-12-104104-6) enthalten sind.

Strukturierungshilfe

Phase	Thema	Seite	Material	Aufgabe
Einstieg	Angloamerika – Raum der unbegrenzten Möglichkeiten („The American Dream")	6	1	
Erarbeitung 1	Methode: Karikaturen auswerten	7	1, 2	1–3
Erarbeitung 2	Weltsichten im Vergleich	8–9	AT, 4, 5	4–6
Anwendung	Weltsichten im Vergleich – Auswertung der Karikatur	8–9	3, 6	6
Erarbeitung 3	Ansätze zur Gliederung der Erde	10–11	AT; 8–11	7
Diskussion	Amerikanische Kultur – Klischee und Wirklichkeit	10–11	7–10	8, 9

Schülerbuch Seite 7

Karikaturen auswerten

Lösungshinweise

1 Ordnen Sie die Kategorien und Fragen zur Entschlüsselung einer Karikatur den vorgeschlagenen Auswertungsschritten zu.

Bei den Fragen zur Entschlüsselung und Beurteilung einer Karikatur (M2) handelt es sich um Leitfragen, die Kategorien (Analysebereichen) zugeordnet sind. Um die beiden Intentionen des Karikaturisten (Was will der Karikaturist mitteilen und was will er bewirken?) beurteilen zu können, muss eine genaue Analyse vorgenommen werden. Selbst wenn es in Teilbereichen Überschneidungen gibt, lassen sich die Fragen zur Entschlüsselung den drei Schritten zur Auswertung zuordnen. So können dem ersten Schritt, der detaillierten Beschreibung des dargestellten Sachverhalts, Leitfragen aus den Kategorien „Aussage", „Form" und „Stilmittel" zugeordnet werden. Dem zweiten Schritt, dem Erfassen der Aussageabsicht, lassen sich Leitfragen der Kategorien „Karikaturist", „Medium" und „Adressat" zuordnen. Zum dritten Schritt passen Leitfragen der Kategorien „Wirkung", „Intention" und „Beurteilung".

2 Werten Sie mithilfe der genannten Arbeitsschritte die nebenstehenden Karikaturen auf der Auftaktseite dieses Kapitels aus.

1. Schritt: Detaillierte Beschreibung des dargestellten Sachverhalts

Das aus zwei Karikaturen zusammengesetzte Material 1 „The American Dream" zeigt in der oberen Karikatur einen überdimensionierten roten Pkw, der mit drei Frauen besetzt ist. Sowohl die Fahrerin als auch die Beifahrerin winken einer elegant gekleideten Familie mit zwei Kindern zu, die auf einer Parkwiese ihre Freizeit verbringen, indem sie Drachen steigen lassen. Auf der gegenüberliegenden Seite ist am linken unteren Bildrand eine Frau zu erkennen, die auf einer Bank sitzt. Sowohl die Kleidung als auch der Pkw deuten darauf hin, dass die Karikatur eine Situation aus den 1950er Jahren zeigt.

Die untere Karikatur zeigt einen in einem grünen Sessel sitzenden dunkelhäutigen Vater mit seinen beiden dunkelhäutigen Kindern. Der Vater versichert seinen Kindern, dass man in Amerika alles werden kann, was man sich vorgenommen hat. In der Sprechblase steht sinngemäß: „Jeder, der in Amerika aufwächst, kann das werden, was er will. Und dieses Mal ist es wahr."

2. Schritt: Erfassen der Aussageabsicht

Ausgesagt werden soll mit beiden Karikaturen, dass jeder es in Amerika zu Wohlstand bringen kann und zwar unabhängig von der Hautfarbe. Damit soll der „American Dream" veranschaulicht werden.

3. Schritt: Beurteilung der Qualität der Karikatur

Die Beurteilung kann zu Beginn der Beschäftigung mit Angloamerika naturgemäß nur aufgrund vorhandenen Hintergrundwissens bzw. der Informationen im Einleitungstext zum Kapitel erfolgen, muss also zwangsläufig noch auf einer oberflächlichen Ebene verbleiben. Es empfiehlt sich daher, die beiden Karikaturen nach Abschluss der Behandlung des Raumbeispiels Angloamerika, noch einmal aufzugreifen. Gleichwohl kann das Material M1 zur Formulierung von Arbeitsfragen verwendet werden.

Aufbauend auf dem Vorwissen der Schülerinnen und Schüler können nachstehende Aspekte angeführt werden:
– Die Behauptung, allen Menschen, und zwar unabhängig von ihrer Hautfarbe standen und stehen in Amerika alle Türen offen, dürfte mit einem Fragezeichen zu versehen sein.
– Der den Wohlstand darstellende überdimensionierte Pkw spiegelt tatsächlich eine realistische Situation wieder. Es stimmt, dass es einer bestimmten sozialen Schicht in Amerika mehr als gut ging bzw. geht.
– Die dargestellte Situation ähnelt amerikanischen Filmen aus den 1950er Jahren.
– Die dargestellte Familienidylle dürfte auch eher einem Wunschbild gleichkommen.
– Das, was viele Menschen außerhalb Amerikas erhofft hatten, ist für viele nur ein Traum geblieben. Die Wahrheit war bzw. ist eine andere. Viele Einwanderer leben unter schlechten Bedingungen; die Jobs, die sie ausübten bzw. ausüben gehören zu den sogenannten „niedrigen Tätigkeiten" (z. B. Reinigung).

3 Vergleichen Sie die Aussagen der Karikaturen 1.

Beide Karikaturen stellen den „American Dream" dar. Während die obere Karikatur einen Ausschnitt aus dem Lebensalltag der weißen Bevölkerung zeigt, in der der „American Dream" als verwirklicht dargestellt worden ist, soll mit der unteren Karikatur gezeigt werden, dass es auch der schwarzen Bevölkerung möglich ist, aufzusteigen und den „American Dream" zu verwirklichen.

1.1 Die Welt aus der Sicht der USA, ... die USA aus der Sicht anderer

Lösungshinweise

4 Charakterisieren Sie die Weltsicht der USA.

Die USA teilen die Welt in Gut und Böse ein, eine Sichtweise, die durch die Ereignisse des 11. September 2001 gestärkt worden ist. Damit ersetzte der Kampf gegen den Terrorismus die bisherigen Doktrinen der „Neuen Weltordnung" (G. Bush, sen.) und der „Humanitären Intervention" (B. Clinton). Auch wenn unter Präsident Obama die Ansicht vorherrscht, dass man dem Rest der Welt in allen Dingen voraus ist (M4; amerikanische Stärke und Diplomatie), gibt es inzwischen auch Vertreter, wie z. B. die amerikanische Elite (M5), die Zweifel an der Weltmachtrolle artikulieren und eine stärkere Fokussierung auf die amerikanische Innenpolitik fordern. Die obere Karikatur in M3 zeigt eine Amerikanerin, die die Welt mit der „amerikanischen Brille" sieht und nur aus der amerikanischen Sicht denkt (Gedankenblase Weltkugel mit amerikanischer Flagge). Die untere Karikatur in M3 zeigt einen desinteressierten US-Amerikaner, der das Lenkrad seines Wagens nicht mehr in den Händen hält, sondern sich stattdessen aus dem Fenster lehnt. Die „Welt" greift entsetzt ins Lenkrad und versucht lenkend einzugreifen, damit der Wagen nicht vom Kurs abkommt.

Es empfiehlt sich, zu einem späteren Zeitpunkt, die beiden Karikaturen wieder aufzugreifen, um eine Bewertung vorzunehmen.

5 Charakterisieren Sie die USA aus der Sicht Chinas, Russlands und Europas.

Chinas Sichtweise ist zwiespältig. Der Bewunderung (Modernisierung Chinas nach US-amerikanischem Vorbild; Verwestlichung) steht die Gegnerschaft (Wettstreit um die Führungsrolle in der Welt) gegenüber. Von prägendem Einfluss sind Aversion und Misstrauen. China verurteilt das US-amerikanische Verhalten als imperialistisch.

Russlands Sichtweise ähnelt der Chinas, wobei hier noch die Ablehnung der von den USA aufgestellten Spielregeln der Weltpolitik hinzukommt. Die USA werden als Gegner angesehen, der neue Trennlinien auf der Welt ziehen und neue Koalitionen gegen Russland schmieden will. Russland – hier insbesondere Putin – sieht ein Ungleichgewicht in einer sich entwickelnden Welt, dabei wird insbesondere die Rolle der USA beanstandet.

Die EU sieht in den USA ihren wichtigsten Verbündeten und Partner, wenngleich es auch hier immer wieder einmal zu Spannungen kommt. Eigene Interessen verlangen nach einer neuen Definition der Partnerschaft.

Unter Einbezug der Karikaturen ergibt sich:

M6 oben: Ein gefräßiger Drache droht einem sich fürchtenden US-Amerikaner. Die USA sollen als nächster Gegner aus dem Weg geräumt werden.

M6 Mitte: Es wird gefragt, warum Obama auf Europa herabblickt. Als Antwort auf diese Frage wird der Schuldenberg der USA genannt.

M6 unten: Auf einer Wippe (Brett über einem Globus) sitzt der russische Bär etwas höher als der US-Amerikaner. Demzufolge ist der Einfluss der USA geringer dargestellt.

Es empfiehlt sich, zu einem späteren Zeitpunkt, die drei Karikaturen wieder aufzugreifen, um eine Bewertung vorzunehmen.

6 Erläutern Sie die unterschiedlichen Sichtweisen.

Die unterschiedlichen Sichtweisen, hängen von verschiedenen Faktoren ab, wobei zu berücksichtigen ist, dass die Sicht der Bevölkerung bzw. einzelner Bevölkerungsgruppen und die Sicht der Politik bzw. gegenwärtig politisch Verantwortlichen nicht immer identisch sein müssen bzw. sind. Dazu gehören beispielsweise: Historische Entwicklung bzw. historische Ereignisse, politische, militärische und wirtschaftliche Macht und Interessen sowie Weltanschauungen. Das Weltbild der USA ist vom Selbstverständnis geprägt, Vorbild sein zu wollen. Gegenüber Russland wirken auf die Sichtweise vor allem noch die Ereignisse des Kalten Krieges ein. Chinas und Russlands Weltsichten sind geprägt vom Bestreben, eine Führungsrolle zu übernehmen und damit den Einfluss der USA (USA als Supermacht) einzudämmen. Europa hingegen sieht in den USA, insbesondere aufgrund der Zeit nach dem Zweiten Weltkrieg, eher einen Partner.

1.2 Kulturerdteil Angloamerika

Lösungshinweise

7 Beschreiben Sie die unterschiedlichen Ansätze zur Gliederung der Erde.

Einerseits kann die Erde nach physisch-geographischen Merkmalen gegliedert werden (Kontinente, Ozeane, etc.), wobei eine derartige Gliederung starr ist. Andererseits bietet sich auch eine Einteilung nach Kulturerdteilen an, wobei die Erkenntnis, dass gestalterische Eingriffe des Menschen Naturlandschaften immer mehr in Kulturlandschaften umgestalten, leitend ist.

Kulturell-ethnische Gesichtspunkte haben zur Einteilung der Welt in zehn Kulturerdteile (quasi- räumliche Einheiten) geführt, wobei ein vernetztes System aus fünf Merkmalskomplexen (Normatives Leitsystem, Menschen und Bevölkerung, Geschichte und Kultur, Wirtschaft und Infrastruktur sowie Raum und Umwelt) prägend ist. M9 zeigt die weitere Unterteilung der Merkmalskomplexe. Im Gegensatz zur physisch-geographischen Einteilung unterliegen die Kulturerdteile im Laufe der Zeit Veränderungen.

8 Charakterisieren Sie die amerikanische Kultur.

Auszuwerten ist hier insbesondere M10. Unter den heutigen Kulturen ist die amerikanische Kultur die vielfältigste. Sie wurde entscheidend geprägt von der europäischen Kultur, den Einwanderern und Einwanderungswellen aus vielen Ländern. Daraus hat sich ein Schmelztiegel (Melting pot) entwickelt, der die ganze Welt auf vielfältigste Weise beeinflusst hat und auch weiterhin beeinflusst. Entwickelt hat sich daraus eine eigene und unverwechselbare Identität, die in der Lebensweise der US-Amerikaner zum Ausdruck

kommt („American Way of Life": Erfolgsorientierung; materieller Wohlstand als Maßstab für Erfolg; Ideal der Chancengleichheit; hohes Maß an Mobilität bzgl. Wohnort und Arbeitsplatz, etc.). Die US-Amerikaner haben beispielsweise eine eigenständige Version der englischen Sprache entwickelt, die sich sowohl in der Aussprache als auch – zumindest in Teilen – im Wortschatz vom britischen English unterscheidet. Die Bewahrung von Traditionen, ein gewisser Nationalstolz sowie die (zumindest) gesetzlich verankerte Gleichstellung aller Staatsbürger, verbunden mit der Verwirklichung des Freiheits- und Gleichheitsprinzips gehören zu den Eckpfeilern der amerikanischen Kultur. Entwickelt hat sich ein eigener Staats-, Gesellschafts- und Wirtschaftstyp.

9 Beurteilen Sie, inwiefern mit der Collage 7 Klischees bedient werden.

Mit der Collage werden insofern Klischees bedient, als hier Ausschnitte gezeigt werden, die bei einer Antwort auf die Frage „Was verbinden Sie mit Amerika?" sicherlich nicht fehlen werden. Sowohl Mickey Mouse als auch die Simpsons gehören beispielsweise zur amerikanischen Kultur. Allerdings greift eine Beschränkung auf diese „Merkmale" zu kurz und führt eher zur Klischeebildung und Verfestigung von Vorurteilen. Die Collage zeigt eher die Vielschichtigkeit der amerikanischen Kultur. Dazu gehören Aspekte der Kunst (Mickey Mouse, Simpsons, Wizard of Oz), Wissenschaft und Forschung (Raumfahrt, Mondlandung), Tradition und Geschichte (Präsidenten, Entdeckung), American Way of Life und Freiheitsglaube (Harley Davidson).

Didaktische Struktur: Stadtland USA

Einstieg, Ziel-orientierung, Motivierung

Auftaktseite: Stadtland USA (S. 12)
- Stadtland USA – Assoziationen
- Einbringen von Vorwissen
- New York – Merkmale einer amerikanischen Stadt

Zusatzangebote Klett (Auswahl)

Stadtland USA

Verstädterung USA (S. 13)
- Grundzüge der Entwicklung der Verstädterung
- Ursachen der zunehmenden Verstädterung
- Besiedlung und Erschließung des nordamerikanischen Kontinents

Haack Weltatlas
- Raumerschließung Nordamerika (S.206)
- Stadträume in den USA (S. 208)

Merkmale, Entwicklungen und Probleme nordamerikanischer Städte

Das Gesicht der nord-amerikanischen Stadt (S. 14/15)
- Idealbild einer nordamerikani-schen Stadt
- Entwicklungsten-denzen der nord-amerikanischen Stadt im 21. Jh.
- Stadtmodelle im Vergleich

Stadt frisst Land – Urban sprawl (S. 16/17)
- Suburbanisierungs-prozesse in den USA
- Urban Sprawl – ein Versagen der Stadt-planung?

Geld prägt Stadt (S. 18/19)
- Fragmentierung der US-amerikani-schen Gesellschaft
- Gated Communi-ties – Ursachen der Abschottung
- Edge Cities als Produkt eines Suburbanisie-rungsprozesses

Die nordamerikanische Stadt
- www.klett.de/alias/ 1004593

Haack Weltatlas
- Entwicklungsphasen der US-amerikani-schen Stadt (S. 208)
- New York, Bevöl-kerungs- u. Sozial-struktur (S. 209)

Vision einer homo-gen verschmolze-nen Gesellschaft

Salad Bowl statt Melting Pot (S. 20/21)
- Bevölkerungsverteilung in den USA
- Die USA als Einwanderungsland
- Der Traum von einer homogen verschmolzenen Gesellschaft

Fallbeispiel Ney York

Global City No. 1 – New York (S. 22/23)
- Merkmale einer Global City
- Veränderungen im Global City Ranking
- Aussagekraft von Rankings (Global City Index – Global Power City Index)

Global Cities
- www.klett.de/alias/ 1005682
- Haack Weltatlas, S. 247

Fallbeispiel Detroit

Shrinking Cities or dying Cities? (S. 24/25)
- Detroit: Ursachen und Folgen des Schrumpfungsprozesses

Arm, aber sexy – neue Chancen (S. 26/27)
- Probleme und Chancen von Shrin-king Cities
- Veränderung der Flächennutzung – Umsetzbarkeit von Visionen
- „Neue" Standortfaktoren Detroits

Shrinking Cities
- www.klett.de/ alias/1004509

TERRA Lehrerband Oberstufe Angloamerika
ISBN: 978-3-12-104740-6

2 Stadtland USA

Strukturierungshilfe

Phase	Thema	Seite	Material	Aufgabe
Einstieg	Stadtland USA	12–13	1–4	1–3
Erarbeitung 1	Das Gesicht der nordamerikanischen Stadt	14–15	5–7	4–7
Erarbeitung 2	Stadt frisst Land – Urban Sprawl	16–17	8–11	8–11
Beurteilung	Urban Sprawl durch das Versagen der Stadtplaner?	17	12	12
Erarbeitung 3	Geld prägt Stadt	18–19	13–19	13–17
Erarbeitung 4	Salad Bowl statt Melting Pot	20–21	20–26	18–22
Fallbeispiel 1	Global City No. 1 – New York	22–23	27–33	23–26
Erarbeitung 5	Shrinking Cities or Dying Cities	24	34–35	-
Fallbeispiel 2	Von der Boomton zum Shrinking – das Fallbeispiel Detroit	24–27	36–43	27–31

Lösungshinweise

1 1. Beschreiben Sie die Grundzüge der Entwicklung der Verstädterung in den USA.

Durch die Landvergabe insbesondere im Homestead-Act entstanden in den USA v. a. Einzelhöfe, sodass die in Mitteleuropa typische Stadtentwicklung aus Dörfern hier nicht ablief. Stattdessen entstanden durch das schnelle Bevölkerungswachstum im 19. Jahrhundert – v. a. durch die Einwanderung – und die zeitgleiche Durchsetzung von Industrien an vielen Standorten in den USA Städte, die innerhalb weniger Jahrzehnte ihre Bevölkerungszahlen vervielfachten.

Entsprechend rasant stieg auch die Verstädterungsrate innerhalb weniger Jahrzehnte von etwa 30 % (1890) auf 70 % (1960). Dabei geht die Zunahme nur zu einem geringen Teil auf das Anwachsen der Großstädte zurück, sondern begründet sich v. a. durch eine allgemeine Konzentration von Wohnbevölkerung in städtischen Bereichen.

2 Erklären Sie Ursachen für die zunehmende Verstädterung.

Wichtigster Faktor beim Anwachsen der Städte war die Landflucht: Durch die verbesserten Anbautechniken wurden im ländlichen Bereich viele Arbeitskräfte freigesetzt, die dann in die Städte zogen, wo nahezu zeitgleich die Manufakturen und Fabriken entstanden. Heute sind es v. a. die Armut in den ländlich geprägten Gebieten, fehlende Erwerbs- oder Bildungschancen sowie mangelnde Perspektiven, die die Menschen in die Städte treiben. Da vor allem junge Menschen in die Stadt ziehen, wächst dort die Bevölkerung proportional schneller als im Umland, die Geburtenrate steigt und auch dadurch vergrößern sich die Städte. So geht nur die Hälfte des Städtewachstums auf die Zuwanderung zurück, die andere Hälfte beruht auf dem raschen Bevölkerungswachstum innerhalb der Städte.

3 Präsentieren Sie nach einer Internetrecherche die Erschließung und Besiedlung des nordamerikanischen Kontinents (vgl. auch Online-code fh85bt).

Die Besiedlung und Erschließung Nordamerikas kann man in drei Phasen gliedern:

– die Kolonialzeit (1607–1776),
– die Pionierzeit (1790–1890),
– die Phase der Industrialisierung, Intensivierung der Landwirtschaft und Verstädterung (1890 bis heute).

Die Kolonialzeit

An der Erforschung und Besiedlung waren vor allem Spanier, Franzosen und Engländer beteiligt. Fast gleichzeitig legten sie Stützpunkte auf dem nordamerikanischen Kontinent an. Um die Mitte des 18. Jahrhunderts setzte die Besiedlung des Westens ein, in den die Pioniere nach dem Überqueren der Appalachen vordrangen. In kurzer Zeit wurden die riesigen Weiten durch die in einer Masseneinwanderung einströmenden europäischen Siedler in Besitz genommen, wobei die ansässigen Indianerstämme rücksichtslos vertrieben oder in Reservate abgedrängt wurden. Innerhalb von hundert Jahren war der gesamte Kontinent von den Appalachen bis zum Pazifik besiedelt (1790–1850 der „Mittlere Westen" bis zum Mississippi; 1850–1890 die Prärien, Great Plains und die Gebirgsländer des „Fernen Westens").

Die Durchdringung und Erschließung des Landesinneren vollzog sich in drei Wellen. Als erste bahnten sich Goldsucher, Fallensteller und Jäger (Trapper) den Weg. Ihnen folgten die Squatters (Siedlerfamilien, die das Land meist nur vorübergehend in Besitz nahmen und für die Selbstversorgung kultivierten) und Ranchers (Viehzüchter, die ihre Herden auf den Grasfluren der Plains weideten). Als dritte Gruppe kamen die Farmer. Sie legten Siedlungen an und erwarben verbriefte Besitzrechte an Land, das zuvor vermessen worden war.

Alle drei Wellen schoben sich als eine „Zone des Kampfes und der Kultivierung" (Frontier) nach Westen. Die „Frontier" war, d. h. die Grenze zwischen dem besiedelten Land und der „Wildnis". Begünstigt wurde die Landnahme und Besiedlung durch den Bau der Transkontinentalbahnen zwischen 1862 und 1883 und durch die staatliche Landvermessungs- und Landvergabepolitik.

(siehe auch: http://www2.klett.de/sixcms/media.php/229/29260X-0202.pdf)

2.1 Das Gesicht der nordamerikanischen Stadt

Lösungshinweise

4 4. Beschreiben Sie das Modell der US-amerikanischen Stadt.

CBD (Central Business District): zentraler Geschäftsbereich der US-amerikanischen Stadt mit einer Ballung von Einrichtungen des tertiären Sektors, vor allem Büros, Versicherungen, Banken und Hotels (Finanz- und Management-Sektor); äußerlich bestimmend sind die Wolkenkratzer (skyscrapers) die der US-amerikanischen Stadt ihre besondere Skyline verleihen. Diese Hochbauweise kam in den USA am Ende des 19. Jahrhunderts auf und breitete sich seit der Mitte des 20. Jahrhunderts von dort über die ganze Erde aus.

Übergangszone (zone of transition) zwischen der Downtown und dem Stadtrand; kennzeichnend ist die starke Mischung von Funktionen: öffentliche Dienstleistungseinrichtungen, Parkplätze und Parkhäuser, Busbahnhöfe, Gewerbe, Wohnhäuser (meist in schlechtem Zustand). Flächensanierungen in jüngerer Zeit haben riesige Freiareale geschaffen, die als Parkplätze genutzt werden.

Als Wohnbebauung kann man grundsätzlich zwei Arten unterscheiden: Slums als innerstädtische Viertel mit vernachlässigter Bausubstanz, abgewohnten Häusern, sozialschwachen Bevölkerungsschichten, ethnischen Minderheiten und Ghettos. Demgegenüber gibt es die Wohngebiete der Mittelschicht (residential area) mit eng gebauten Mehrfamilienhäusern geringer Stockwerkzahl auf kleinen Grundstücken: Aufgrund der guten Anbindung an die Downtown mit der U-Bahn wohnen hier heute viele Yuppies, die ihren Arbeitsplatz im Bankenviertel des CBD haben.

Durch die Trennung von Wohn- und Arbeitsplatz und das tägliche Pendeln von den Vorortsiedlungen zu den Arbeitsplätzen in die Innenstadt war die Grundlage für das Entstehen von commercial strips gelegt. Diese strips (= Bänder, Streifen) ziehen sich entlang der großen Ausfallstraßen. Zu beiden Seiten hat sich eine Vielzahl von Einzelgeschäften, Versorgungs- und Dienstleistungsunternehmen gebildet, die mit großen, das Erscheinungsbild dieser Straßen prägenden Reklametafeln auf ihre Angebote hinweisen.

Umland
Während in der frühen Phase der Suburbanisierung die Arbeitsplätze weitgehend noch in der Downtown verblieben waren, änderte sich dies in der Folgezeit. Eine immer größere Zahl von Arbeitsplätzen entstand in Fabriken und Bürogebäude, den „industrial parks", „business parks", „High-Tech Parks". Diese verlagerten sich aus Kostengründen aus der Kernstadt und waren entlang von Hauptstraßen und Autobahnen Keimzellen neuer Suburbanstandorte. In 20 bis 50 km Entfernung von der Stadtmitte entstanden dann Suburbansiedlungen. Die besonders attraktiven Wohnsiedlungen für die oberen Mittelschichthaushalte sind gekennzeichnet durch große Einfamilienhäuser in attraktiver Aussichtslage oder an einem See; zu den Freizeiteinrichtungen gehören Golfplatz, Tennisanlagen, Jogging trails und Spazierwege.

Manche der neuen Suburbansiedlungen sind privat organisiert und nach außen durch einen Zaun abgeschlossen. Der Zugang ist nur durch eine Pforte mit Ausweiskontrolle möglich. Die Furcht vor Kriminalität und die bewusste Ausgrenzung der „Elite" führen zu den „gated communities". Große shopping malls erfüllten die im Umland steigende Konsumnachfrage, sodass heute urbane Subzentren als so genannte Edge cities zahlreiche Funktionen des CBD Übernommen haben.

5 Vergleichen Sie das Modell mit der Grafik 6.
In dem Idealbild kann man am besten die schnelle Abnahme der Gebäudehöhe vom CBD nach außen wahrnehmen. Die weiteren Merkmale v. a. hinsichtlich der Funktionen oder der Bausubstanz lassen sich nicht erkennen.

6 Charakterisieren Sie mithilfe des Modells Entwicklungstendenzen der US-amerikanischen Stadt zu Beginn des 21. Jahrhunderts.
Besonders in den letzten Jahrzehnten hat sich das traditionelle Bild einer Stadt mit erkennbaren Außengrenzen aufgelöst. Die durch die **Suburbanisierung** und **Dezentralisierung** neu entstandenen Zentren im metropolitanen Außenring werden als **Edge City** (frei übersetzt: Randstadt) bezeichnet. Diese Subzentren weisen alle Funktionen einer Stadt auf, obwohl sie räumlich gestreut als solche kaum wahrgenommen werden. Bis vor wenigen Jahrzehnten waren die neuen Zentren meist noch abgeschiedene Dörfer und Schlafstätten. Bald folgten aber zunehmend Versorgungsmöglichkeiten und Arbeitsplätze, was sich im Bewusstsein der Wohnbevölkerung zu einer neuen zusammenhängenden Einheit entwickelte. Damit verfügen die Edge Cities über die wesentlichen Merkmale einer Stadt, die weitgehend unabhängig von ihrer einstigen Kernstadt ist.
Entlang von Verkehrsachsen entstanden neue **Office Parks** und **Industrie Parks**. Die alten Gebiete der traditionellen (Schwer-)Industrie erlebten aus unterschiedlichen Gründen einen Niedergang. Neue Industrien waren (und sind) unabhängig von Eisenbahn- und Wasserstraßenanschlüssen und deshalb konnten sich diese Unternehmen an Standorten im Stadtumland niederlassen. Die wachsende Bedeutung des Dienstleistungssektors hat die räumliche Verlagerung von Arbeitsplätzen zusätzlich unterstützt. In der forschungsorientierten Branche werden meist gut ausgebildete Arbeitskräfte benötigt, die hauptsächlich in den Vororten wohnen. Gegenwärtig entwickelt sich eine neue Form des suburbanen Wohnens, das sog. Gating. Darunter werden die Einfriedung und Ummauerung von Wohnblöcken, Stadtteilen und Gemeinden verstanden. Seit Ende der 1980er Jahre hat

der Anteil der sog. **Gated Communities** stark zugenommen. Schließlich werden heute durch Sanierung innerstädtische und innenstadtnahe Wohnbereiche aufgewertet. Die bisherige Wohnbevölkerung kann sich die gestiegenen Mieten nicht mehr leisten, muss weichen und macht Platz für eine reichere Wohnbevölkerung. Diese so genannte **Gentrifizierung** sorgt zum einen für größere Attraktivität in den innenstadtnahe Bereichen und bringt kaufkräftigere Wohnbevölkerung zurück in die Innenstädte; gleichzeitig wird die bisherige Wohnbevölkerung verdrängt und muss sich neuen und bezahlbaren Wohnraum suchen.

7 Vergleichen Sie das Modell der US-amerikanischen Stadt mit anderen Ihnen bekannten Stadtmodellen (vgl. auch Online-code ds439e).

Typische Merkmale der nordamerikanischen Stadt
– Schachbrettmuster des Straßenverlaufs
– Wolkenkratzer im Geschäftszentrum
– klassische Strukturierung der Stadt in CBD, Übergangszone und Außenbereich
– Commercial Strips entlang von Verkehrsachsen
– allgemeine Wohnform der gehobeneren Schichten in Vororten
– zunehmende Entstehung von Gated Communties
– verfallende Kernstädte und Ghettobildung

2.2 Stadt frisst Land – Urban Sprawl

Lösungshinweise

8 Beschreiben Sie die Siedlungsstruktur in Foto 10.
Das Foto 10 zeigt Einfamilienhaussiedlungen, die sich bis zum Horizont ausdehnen. In den z. T. sehr uniformen Straßenzügen gibt es relativ kleine Grundstücke, die oft nur Platz für ein Haus und z. T. einen Pool bieten. Die wenig abwechslungsreiche Landschaft wird kaum durch Relief noch durch andere Nutzungsformen unterbrochen. Ausnahmen bilden wenige größere Gebäudekomplexe (z. B. im Bildzentrum mit weißem Dach) und einige kleinere Gewässer im Bildmittelpunkt.

9 Erläutern Sie die Ursachen für die Suburbanisierungsprozesse in den USA.
Als Suburbanisierung bezeichnet man das Ausdehnen von Städten in bisher ländliche Bereiche, wobei in größerer Entfernung zum eigentlichen Stadtkern neue Stadtzentren entstehen. Familien und reichere Arbeitnehmer ziehen aus der Stadt an den Stadtrand, da dort die Lebensbedingungen besser sind und ein sichereres Umfeld vorherrscht. Diese Entwicklung wird v. a. durch die hohe Mobilität begünstigt, die das Pendeln zwischen Wohnen und Arbeiten über größere Distanzen ermöglicht.

10 Analysieren Sie die Karikaturen 9 und 11.
Karikatur 9: Die Karikatur kennzeichnet den Zersiedlungsprozess in vier Bildern, bei dem das Agrarland durch einen Bulldozer (von der Firma „Sprawl Construction Co.") geräumt wird, um anschließend kleine Einfamilienhäuser dort entstehen zu lassen. Clou der Bildfolge ist ein kleiner Einkaufsmarkt, der zunächst im ersten Bild als „Corner Market" Produkte frisch vom Feld verkauft, während er im vierten Bild als „Suburban Market" für Produkte frisch aus Mexico wirbt. Karikatur 11 zeigt einfach nur den Zersiedlungsprozess, der sich unstrukturiert in alle Richtungen entwickelt. Die ungenutzte (Gras-)Landschaft wird im Rahmen des Urban Sprawl mit gleichförmigen Einfamilienhäusern eng bebaut.

11 Vergleichen Sie die Suburbanisierung in den USA mit den Entwicklungen in Deutschland.
Zeitversetzt zu den USA setzte auch in Deutschland eine Suburbanisierung ein. Der Wunsch nach einem Eigenheim im Grünen bei passablen Fahrtzeiten zur Arbeit sorgte dafür, dass an den Stadträndern viele Neubaugebiete entstanden, die die lange Zeit festen Stadtgrenzen schnell aufweichten. Gleichzeitig wuchs die Konkurrenz innerstädtischen Wohnraums mit Büro- und Praxisflächen, sodass das innenstadtnahe Wohnen auch zur finanziellen Belastung wurde.
Auf diese Weise wurden an den Rändern der Ballungsräume stets neue Flächen für Wohnungen, für Industrie und Gewerbe, für Dienstleistungs-, Verkehrs- und Freizeiteinrichtungen erschlossen. Der ehemals ländlich geprägte Raum im Einzugsbereich der urbanen Zentren veränderte seinen Charakter, er „verstädterte".
Während sich in den USA neue suburbane Zentren (Edge Cities) entwickelten, ist in Deutschland heute das Bemühen unverkennbar, den Trend zur Suburbanisierung zu stoppen und damit dem Funktionsverlust der Stadtmitte vorzubeugen. Die Innenstädte sollen sich wieder als attraktive Orte profilieren, die neben der Arbeit zum Einkaufen und Wohnen einladen.

12 Beurteilen Sie, ob und inwieweit der Urban Sprawl auf ein Versagen der Stadtplanungsämter zurückzuführen ist.
Zunächst handelt es sich um kein Versagen der gemeindlichen Lenkungsmaßnahmen, denn das Anwerben neuer und wohlhabender Bürger bessert die Stadtkasse auf und verhindert gleichzeitig die Ansiedlung potenzieller Problemgruppen. Insofern ist der Urban Sprawl also eher Resultat der Anwerbungskonkurrenz randstadtlicher Gemeinden als deren Planungsversagen.

11

2.3 Geld prägt Stadt

Lösungshinweise

13 Beschreiben Sie die Verlagerung von Einkaufsmöglichkeiten aus der City in die Randbereiche.

Hier gibt es zwei parallele Entwicklungen: Zum einen bietet der Stadtrand Platz für großzügige Shopping malls, zum anderen hat sich durch die Suburbanisierung am Stadtrand auch eine kaufkräftige Klientel niedergelassen, die die Einkaufsmöglichkeiten vor Ort in Anspruch nimmt. Dabei locken die malls mit ihrem Konzept „Alles unter einem Dach" inzwischen die Kundschaft aus den Kernstädten an den Stadtrand, sodass ihnen zwangsläufig die Kaufhäuser an den Stadtrand folgen.

14 Charakterisieren Sie die sogennannten Edge cities.

Edge cities entstehen am Stadtrand aller größeren amerikanischen Metropolen. Ihren Ursprung hatten sie im Rahmen der Suburbanisierung. Ohne öffentliche Planungsprozesse kristallisierten sich an großen Kreuzungen neue Einkaufsmöglichkeiten heraus, denen Dienstleistungen folgten. In der Folgezeit übernahmen die Edge cities dann viele Funktionen, die bisher in den Downtowns angesiedelt waren.

15 Erörtern Sie, ob und inwieweit Gated Communities in den USA Ausdruck einer fragmentierten Gesellschaft sind.

Die Gated Communities sorgen durch ihre exklusive und geschlossene, d. h. für die Öffentlichkeit nicht zugängliche Wohnanlage, für Sicherheit und Privatsphäre. Gemeinsame Merkmale sind die Abgeschlossenheit, oft durch eine Mauer mit Sicherheitsanlagen, und die ständige Bewachung durch private Sicherheitsdienste. Die Abschottung gegenüber der Außenwelt ist dabei natürlich Ausdruck einer sich spaltenden US-amerikanischen Bevölkerung. Schließlich grenzen sich viele Wohlhabende dadurch bewusst deutlich von den wirtschaftlich Erfolglosen ab.

16 Gestalten Sie eine Werbeanzeige für eine Gated community.

Individuelle Lösung – Aspekte bei der Gestaltung könnten schöne Fotos sowie Hinweise auf die Sicherheit, den Service, die Nachbarschaft, das Umfeld etc. sein.

17 Nehmen Sie Stellung zu der Aussage der Karikatur 15 „Groß erschlägt Klein".

Der Verdrängungswettbewerb durch große Malls ist in den USA sehr groß. Das liegt zum einen daran, dass der Prozess der Einrichtung von geschlossenen Einkaufszentren unter einem Dach schon viel früher begonnen hat, zum anderen aber auch an den Einkaufsgewohnheiten der US-Amerikaner. Der Besuch von Malls lässt den Einkauf zum Erlebnis werden, weil man mit dem Einkauf gleich einen Besuch im Schnell-Restaurant, im Kino oder im Fitness-Center verbinden kann. Das Nebeneinander aller Branchen sowie das Parken in direkter Nähe machen den Besuch effektiv und dazu bequem. Der Wocheneinkauf kann problemlos zum Auto gebracht und nach Hause transportiert werden. Die kleineren Geschäfte in der Innenstadt decken nur noch den täglichen Bedarf bzw. die Dinge, die akut fehlen. Doch vom Verkauf einiger Milchtüten, ein paar Snacks oder Katzenfutter können diese Geschäfte auf Dauer nicht überleben, sodass hier der Aussage der Karikatur, „Groß erschlägt Klein", zugestimmt werden kann. Ein ähnlicher Verdrängungswettbewerb in kleinerem Maßstab hat sich mit den Lebensmittegeschäften in Deutschland bereits weitgehend vollzogen. Der Konkurrenz der Supermärkte mit größerer Auswahl, günstigeren Preisen und viel Parkfläche konnten die kleinen Kaufläden („Tante-Emma-Laden") in den Innenstädten und Stadtvierteln nicht standhalten. Sie sind inzwischen aus dem Stadtbild verschwunden.

2.4 Salad Bowl statt Melting Pot

Lösungshinweise

18 Beschreiben Sie die Bevölkerungsverteilung nach Ethnien in den USA.

Grundsätzlich sind große Teile der USA von einer deutlichen Mehrheit US-Europäern besiedelt. Diese Siedlungsgebiete liegen im gesamten nördlichen Bereich der USA. Als auffälligste Minderheit fallen die sogenannten Hispanics ins Auge: Sie dominieren mit Minderheiten oft über 30 % den Südwesten der USA (v. a. Texas, New Mexico und Kalifornien). Auch in den weiteren Staaten im SW – Arizona, Nevada, Utah, Colorado – gibt es eine deutliche Spanisch sprechende Minderheit. Daneben gibt es noch kleinere Sied-lungsgebiete in Florida und sehr kleine im Mittleren Westen. Die zweite große Minderheit bilden die US-Afrikaner (Blacks), deren Siedlungsgebiete sich v. a. im Südosten (insbesondere mit mehr als 30 % in den Staaten Louisiana, Mississippi, Arkansas, Alabama, Georgia, South Carolina) befinden. Die Siedlungsgebiete der Indianer liegen in kleineren Konzentrationen im Norden der USA (z. B. Montana, North Dakota, South Dakota) sowie im Süden (Arizona/Utah, Oklahoma).

Asiatische Minderheiten mit mehr als 10 % finden sich nur punktuell in Washington und Kalifornien.

Zwei größere Minderheiten gibt es selten: In Arizona sind es Indianer und Hispanics sowie in Texas und Florida Hispanics und Blacks.

19 Charakterisieren Sie das Verhältnis zwischen schwarzer und weißer US-Bevölkerung in der amerikanischen Gesellschaft.
Das Verhältnis zwischen der schwarzen und der weißen US-Bevölkerung ist immer noch angespannt, wenngleich sich in den letzten Jahren sowohl wirtschaftlich als auch sozial deutliche Annäherungen ergeben haben. Das wird insbesondere bei den Highschool- und Collegeabsolventen deutlich, bei denen sich die Zahlen deutlich angeglichen haben. Ansonsten sieht man kleinere Fortschritte (z. B. bei den Einkommen und den unterhalb der Armutsgrenze Lebenden). Trotz gewisser Fortschritte sind die Schwarzen in der Politik immer noch wenig repräsentiert.
Die sich annähernde Akzeptanz wird bei der Befürwortung von Mischehen deutlich, die inzwischen 96 % resp. 85 % erreicht hat.

20 Vergleichen Sie die Probleme der USA als Einwanderungsland mit denen in Deutschland.
Die USA kontrollieren die Zuwanderung nach besten Kräften. Trotzdem leben mittlerweile über 11 Mio. illegale Einwanderer in den USA – die meisten davon aus Mexico (ca. 7 Mio.). Nach geltender Gesetzeslage (2016) ist die Beschäftigung und sogar die Unterstützung sogenannter Illegaler strafbar. Die USA sind seit jeher ein Einwanderungsland. Insgesamt ist etwa jeder zehnte der 320 Mio. US-Amerikaner in einem der 20 Haupteinwandererländer geboren worden. Demgegenüber hat sich Deutschland erst im Rahmen des Wirtschaftswunders zum Zuwanderungsland entwickelt.

Während die Arbeitskräfte zunächst befristet angeworben wurden, blieben später immer mehr in Deutschland, holten ihre Familien nach und bereichern heute unsere Kultur. Während die Zuwanderungszahlen lange Zeit konstant waren und sich v. a. durch Zuzug aus der EU und Spätaussiedlern zusammensetzten, hat seit 2015 die Zuwanderung aus Nicht-EU-Staaten stark zugenommen. Insofern ist die Zuwanderung in Deutschland wieder stärker in den Fokus geraten. Während sich in den USA die Probleme v. a. aus der Illegalität ergeben, sind es in Deutschland Sorgen um die Finanzierbarkeit der Sozialausgaben für Flüchtlinge. Sowohl in den USA als auch in Deutschland wird das Potenzial der Zuwanderer als Arbeitskräfte erkannt, aber bisher wirtschaftlich weniger akzeptiert.

21 „Die Hispanics kommen." Überprüfen Sie die Stichhaltigkeit der Materialüberschrift von Material 26.
Die Überschrift ist insofern passend, weil nach einer langen Phase der geringen Einwanderungszahlen (1930 bis 1960) plötzlich die lateinamerikanischen Einwohner von ca. 4 Mio. auf rund 50 Mio. anstiegen (1960 bis 2010). Die Projektion zeigt eine Fortsetzung der Entwicklung, nach der bis 2050 rund 100 Mio. lateinamerikanische Einwanderer in den USA leben werden.

22 Nehmen Sie Stellung dazu, inwieweit die Begriffe Melting Pot und Salad Bowl für die derzeitige Situation zutreffend sind.
Der Traum von einer homogen verschmolzenen Gesellschaft hat sich nicht erfüllt. Mehr denn je sind die unterschiedlichen Ethnien räumlich und sozial voneinander getrennt. Deswegen ist heute der Begriff Salad Bowl absolut zutreffend.

2.5 Global City No. 1 – New York

Lösungshinweise

23 Charakterisieren Sie New York als Global City.
Von den 1986 durch Friedmann formulierten Merkmalen einer Global City erfüllt New York alle:
- internationales Finanzzentrum (Wall Street)
- Standort von Hauptquartieren und regionalen Zentralen multinationaler Unternehmen, den Global Players (18 von den 500 größten Unternehmen weltweit haben ihren Firmensitz in New York)
- Sitz von großen internationalen Institutionen
- bedeutendes Industriezentrum
- Zentrum von unternehmensorientierten Dienstleistungen
- Agglomeration mit hoher Einwohnerzahl
- Knotenpunkt internationaler Transportnetze

24 Erläutern Sie Unterschiede in den jeweiligen Bemessungsgrundlagen von Global City Index und Global Power City Index.
Während sich der Global City Index v. a. an wirtschaftlichen Kenndaten (Wirtschaftliche Identität, Humankapital) und internationaler Bedeutung (Medienstandort, kultureller Reichtum, politische Bedeutung) orientiert, widmet sich der Global Power City Index auch Merkmalen der Lebensqualität, Ökologie, Erreichbarkeit und Umwelt.

25 Erörtern Sie die Aussagekraft der dargestellten Rankings.
Die Aussagekraft solcher Rankings ist immer relativ, weil man eigentlich nicht messbare Daten messbar und vergleichbar machen will. Beide Rankings bemühen sich dabei um Objektivität, indem sie die jeweiligen Kriterien und

ihre Bewertung darstellen. Allerdings wirken z. B. bei der Lebensqualität trotz aller Transparenz der Kriterien die Vergleichbarkeit der Städte und damit das Ranking willkürlich. In der Grundaussage sieht man allein schon an der Parallelität der wichtigen Städte, dass hier die Unterschiede im Ranking relativ gering sind.

26 Entwickeln Sie ein eigenes Ranking-System, das Ihrer Ansicht nach aussagekräftiger ist.
Individuelle Lösung – neue Aspekte für diese Rankings könnten z. B. Touristenbesuche, Häufigkeit von Messen sowie wichtiger Sport- und Kulturevents, Zahlen zu den Fluggästen etc. sein.

Schülerbuch Seiten 24 bis 27

2.6 Shrinking Cities or Dying Cities

Lösungshinweise

27 Entwickeln Sie am Beispiel Detroit ein Wirkungsschema zu Ursachen und Folgen des Schrumpfungsprozesses von Städten.

Wirkungsgefüge zu Ursachen und Folgen des Schrumpfungsprozesses von Städten

| Niedergang der Wirtschaft | – Absatzkrise
– fehlende Innovationen
– fehlende Kaufkraft |

↓

| Betriebsschließungen | – Steuerausfall
– Entlassungen
– Fortzug der Arbeitsbevölkerung |

↓

| Abwanderungen | – Steuerverluste
– Zurückbleiben der Alten |

↑ verstärkt die Abwanderung

↓

| Steuerverluste | – Keine Investitionen
– Fehlendes Kapital zum Erhalt der bisherigen Angebote |

Entwurf: Dietmar Wagener

28 Nehmen Sie Stellung zu Lucky Lukes Aussage.
Die Aussage von Lucky Luke trifft grundsätzlich zu, da sich durch die Freiräume tatsächlich viele Nutzungsmöglichkeiten ergeben. So können die innerstädtischen Freiflächen je nach Nachfrage z. B. für neue Gebäude, Parkflächen oder Grünanlagen genutzt werden. Allerdings sollte relativiert werden, dass es natürlich bei viel Leerstand zwar viele Möglichkeiten gibt, gleichwohl die Nachfragen aber nicht Schritt halten (sonst gäbe es ja keine Leerstände).

29 Beschreiben Sie die Planungen Detroits im Umgang mit den freien Landflächen.
In Detroit finden im Prinzip zwei Prozesse parallel statt: Zum einen entwickelt sich Detroit zum Zentrum von Künstlern, die für eine Wiederbelebung des Stadtzentrums gesorgt haben. Im Gefolge stieg die Attraktivität der City, sodass dort inzwischen 95 % der Wohnungen wieder vermietet sind. Zum anderen haben sich in Detroit zahllose Projekte in den Bereichen Urban gardening und Urban-Farming angesiedelt, die durch die neuen Nutzungsformen das Gesicht Detroits nachhaltig verändern („Gemüse statt Cadillac"). Weitergehende Visionen für neue Nutzungskonzepte sehen öffentliche Grünflächen, ökologische Grünflächen in der Innenstadt sowie neue Landflächen zur Bewirtschaftung vor.

30 Erläutern Sie die „neuen" Standortfaktoren Detroits.
Der neue Standortfaktor ist das neue Lebensgefühl: Aus „Arm und hässlich" wurde „Arm, aber sexy". Das lässt sich an der Anziehungskraft auf junge Akademiker gut festmachen, die sich in dem hippen Detroit nun wohlfühlen. Ausgelöst durch die Künstler, die Detroit „besetzten" entstand eine Subkultur, die durch Club Partys und alternative Coffee Shops mit veganen Gerichten geprägt ist.

31 Erörtern Sie, ob und inwieweit Shrinking Cities Dying Cities sein müssen.
Das Gros der schrumpfenden Städte kämpft ums Überleben – wirtschaftlich und strukturell. Der Schließung zahlreicher Fabriken folgt der Fortzug der dort bisher beschäftigten Bevölkerung. Beides sorgt für einen erheblichen Steuerausfall in den Stadtkassen, die zum einen entsprechend weniger Angebote für die verbleibende Stadtbevölkerung vorhalten kann, zum anderen aber auch keine Investitionen im Hinblick auf die Leerstände vornehmen kann. Die wegbrechenden wirtschaftlichen Voraussetzungen sorgen immer auch für den Fortzug der produktiven Bevölkerung – zurück bleiben meistens ältere Menschen. Insofern nimmt der Ausdruck der sterbenden Städte schon makabere, aber durchaus realistische Züge an. Schrumpfende Städte, die aus ihrer Krise wie Phönix aus der Asche aufsteigen, gibt es selten. Hier sind es meistens besondere Bedingungen, die die Fortsetzung der Abwanderung aufhalten und umkehren. Detroit ist so ein Beispiel.

Didaktische Struktur: Die Wirtschaft Angloamerikas

Einstieg, Zielorientierung, Motivierung

Auftaktseite: Die Wirtschaft Angloamerikas (S. 28)
- Brainstorming „Was zeichnet die USA als Wirtschaftsmacht aus?"
- Einbringen von Vorwissen
- Grundlagen wirtschaftlicher Stärke

Zusatzangebote Klett (Auswahl)

Grundlagen der US-amerikanischen Wirtschaft

Reich und doch arm? (S. 29)
- Wirtschaftliche Stellung der USA in der Welt
- Entwicklung wichtiger Wirtschaftskriterien
- Anfälligkeit der Wirtschaft der USA

Eine Welt ist nicht genug (S. 30/31)
- Umgang der USA mit Ressourcen
- Nutzungsmöglichkeiten erneuerbarer Energien
- Weltenergieressourcen und Verbraucherverhalten in den USA

Haack Weltatlas
- Nordamerika – Wirtschaft, S. 196
- Wirtschaftsstrukturen der USA, S. 207

Alternativen im Energiesektor

Neue Technologien – altes Problem (S. 32)
- Schiefergasvorkommen in den USA
- Funktionsweise des Frackings
- Risiken des Frackings

Ölsande – eine Energiealternative für Kanada? (S. 33)
- Ölsandförderung
- Schiefergas und Ölsande – Ökonomie versus Ökologie
- Beantragung des Ölsandabbaus (Rollenspiel)

Haack Weltatlas
- Fracking in Westtexas, S. 207
Ölsande Kanada
- www.klett.de/alias/1036634

Wiederbelebung eines altindustrialisierten Industriegebietes

Entwicklung des altindustriellen Kerngebietes (S. 34–39)

Aufstieg ... (S. 34/35)
- Entwicklungsstadien der US-amerikanischen Industrie
- Entwicklung und Bedeutung des Manufacturing Belts
- Fallbeispiel Pittsburgh

... Fall ... (S. 36/37)
- Manufacturing Belt: Ursachen des Niedergangs
- Mögliche Maßnahmen zur Revitalisierung

... und Wiederbelebung (S. 38/39)
- Lean Production als Impuls
- Aquaponic – Technologie der Zukunft

Haack Weltatlas
- Nordamerika-Wirtschaft, S. 197

Vom Rust Belt zum Sunbelt

Innovationszentren wirtschaftlicher Entwicklung (S. 40–43)

Der Sonne entgegen (S. 40)
- Binnenwanderungen in den USA
- Sun Belt als Gegengewicht zum Nordosten

Industrieparks als Keimzellen (S. 41)
- Standortfaktoren des Sun Belts
- Lebenszufriedenheit in den neuen Industriezentren

The one and only – Silicon Valley (S. 42/43)
- Wirtschaftsstruktur
- Erfolgsmerkmale des Silicon Valley
- Probleme des Silicon Valley

Haack Weltatlas
- Nordamerika-Wirtschaft, S. 197
- Technologieregion Silicon Valley, S. 207

Wirtschaftssektoren im Wandel

Industrie 4.0 (S. 44/45)
- Zukunft der Industrie
- Arbeitsplätze der Zukunft
- USA und Deutschland im Vergleich
- Innovationsindustrien der USA

Vom Blaumann zum Barmann? (S. 46/47)
- Sektorale Beschäftigungsentwicklung
- Dienstleistungsberufe als Jobs der Zukunft?

Fallbeispiel Kanada

Wirtschaftsgigant Kanada (S. 48/49)
- Wirtschaftsentwicklung Kanadas
- Bedeutung des Rohstoffsektors für Kanadas Wirtschaft
- Zukunftsaussichten der Wirtschaft Kanadas – SWOT Analyse

---

3 Die Wirtschaft Angloamerikas

Strukturierungshilfe

Phase	Thema	Seite	Material	Aufgabe
Einstieg	Die Wirtschaft Angloamerikas	28	1	1
Erarbeitung 1	Reich und doch arm?	29	2	2–3
Erarbeitung 2	Eine Welt ist nicht genug	30–31	3–7	4–8
Fallbeispiel 1	Fracking in den USA	32	8–10	9–11
Fallbeispiel 2	Ölsande – eine Energiealternative für Kanada	33	11–14	12–13
Erarbeitung 3	Industriegebiete in den USA	34–43		
Fallbeispiel 1	Manufacturing Belt – Aufstieg, Fall und Wiederbelebung	34–39	16–27	14–22
Fallbeispiel 2	Sun Belt	40–41	28–33	23–26
Fallbeispiel 3	The one and only – Silicon Valley	42–43	34–38	27–29
Erarbeitung 4	Industrie 4.0	44–45	39–42	30–32
Erarbeitung 5	Vom Blaumann zum Barmann	46–47	43–46	33–36
Erarbeitung 6	Wirtschaftsgigant Kanada?	48–49	47–51	37–39

3.1 Reich und doch arm?

Lösungshinweise

1 Werten Sie die Karikaturen 1 aus.

In der linken Karikatur zeigt das erste Bild Obama, der skeptisch vor einer Grafik steht, die die Entwicklung der Beschäftigungszahlen zwischen 2008 und 2009 darstellt. Auf dieser verläuft die rote Entwicklungslinie mit einigen Zacken diagonal von links oben nach rechts unten. Das zweite Bild zeigt einen zufriedenen Obama, der sich nach getaner Arbeit die Hände reibt und aus dem Bild verschwindet. Im Hintergrund sieht man die um 90 Grad gedrehte Grafik, auf der die Entwicklungslinie nun von links unten steil nach rechts oben verläuft. Seine Leistung unterstreicht er mit dem aus dem Wahlkampf zum Motto seiner Politik gewordenen Ausspruch „Yes we can!".

Damit wird deutlich, dass Obama die schlechte wirtschaftliche Entwicklung in der Krise auch nicht überwinden konnte. Er hat aber durch seine zupackende und optimistische Art die negative Tendenz als positiven Trend dargestellt – und damit das amerikanische Volk mitgerissen.

In der rechten Karikatur kniet Obama vor einer mit der amerikanischen Flagge außen dekorierten Truhe, in der nur ein einzelner Dollarschein liegt. Bei dem Anblick denkt er: „Mist, keine Kohle mehr. Hmmmm ...".

Die Truhe symbolisiert die Schatztruhe der Vereinigten Staaten, die komplett leer ist. Der davor kniende Präsident hat angesichts der fehlenden finanziellen Mittel offensichtlich wenig Möglichkeiten, mit Investitionen wirtschaftliche Impulse zu setzen.

2 Charakterisieren Sie die wirtschaftliche Stellung der USA in der Welt.

Die USA sind die größte Wirtschaftsmacht der Welt. Mit 5 % der Weltbevölkerung stellen sie rund ein Viertel aller Waren her und erbringen ein Viertel aller Dienstleistungen. Auch beim Welthandel nehmen die USA – trotz der Wachablösung durch China – nach wie vor eine Spitzenstellung ein, obwohl ihr eigentliches Absatzgebiet der eigene Binnenmarkt ist.

Gründe für diese herausragende Wirtschaftskraft sind die umfangreichen Rohstoffvorkommen (Steinkohle, Erdöl und Erdgas, aber auch Eisenerz, Kupfer, Magnesium), über die die USA verfügen, das sehr gut ausgebaute Verkehrsnetz, das die großen Industrieräume verbindet und die Warenverteilung enorm vereinfacht, sowie die amerikanische Einstellung: Die meisten Amerikaner sehen sich persönlich als für ihren beruflichen Erfolg verantwortlich. Deshalb ist auch die Bereitschaft zum Risiko in der Wirtschaft höher, der Mut zu neuen Wegen größer. Es ist diese Bereitschaft Neues zu wagen, die die USA die führende Wirtschaftsmacht bleiben lassen. In der Industrie sind die USA weiterhin führend (v. a. in den Wachstumsbranchen wie Computer-, Bio- und Gentechnologie), auch wenn die Konkurrenz aus Ostasien und Europa aufholt.

3 Erläutern Sie die Entwicklungen von Verschuldung, Arbeitslosigkeit, Durchschnittseinkommen und Verbraucherzufriedenheit in Angloamerika.

a) US-Staatsschulden: Die Grafik M2a zeigt die Entwicklung der US-Staatsschulden seit 1940. Dabei ist erkennbar, dass die Vereinigten Staaten jedes Jahr Schulden machen und sich deswegen die Staatsschulden immer weiter summiert haben. Die Staatsverschuldung selbst lag in den 1940er-Jahren sehr hoch und ist in den letzten acht Jahren seit der Wirtschaftskrise wieder deutlich angestiegen. Das liegt an den verhältnismäßig niedrigen Steuern im Vergleich zu den enormen Staatsausgaben, die v. a. durch Rüstungsaufwendungen in die Höhe getrieben werden.

b) Arbeitslosigkeit in den USA: Die Grafik M2b zeigt die Entwicklung der Arbeitslosigkeit zwischen 1980 und 2014. Dabei sind deutliche Schwankungen zwischen 4 % und knapp 10 % Arbeitslosenrate erkennbar. Hohe Arbeitslosenraten mit über 8 % gab es 1982–1983, 1993 und 2009–2012. Niedrige Arbeitslosenraten mit gut 4 % gab es 1998–2002 sowie 2006–2007. 2014 betrug sie etwa 6 %. Der Rückgang ist wahrscheinlich auf das sehr günstige Kapital zurückzuführen, das fast zinslos zur Verfügung stand und mit dem nach der Wirtschaftskrise die Wirtschaft wieder angekurbelt wurde. Dabei zogen sich die Beschäftigungszuwächse – mehr oder weniger stark – durch alle Branchen, immerhin wurden fast 11 Millionen Arbeitsplätze seit 2010 geschaffen, davon 80 % im Dienstleistungssektor.

c) Lohnentwicklung in den USA: Die Grafik M2c zeigt die Lohnentwicklung am Beispiel des mittleren Familieneinkommens im Vergleich zur Entwicklung der Produktivität zwischen 1947 und 2011. Während die beiden Kurven zunächst bis etwa 1975 parallel anwuchsen (Steigerung um 100 % im Vergleich zu 1947), hat sich seit 1975 die Produktivität deutlich abgesetzt. Sie erreichte 2011 rund 300 % des Wertes von 1947. Demgegenüber schwankt das mittlere Familieneinkommen zwischen 100 % und 150 % des 1947-Wertes und ist nach 2008 sogar leicht rückläufig. Die schwache Lohnentwicklung ist Ergebnis einer sehr arbeitgeberfreundlichen Stimmung in den USA, durch die das Familieneinkommen nicht mehr mit der Entwicklung der Produktivität Schritt gehalten hat. Eine Rolle dürfte dabei auch der stärkere Beschäftigungsaufbau nach der großen Rezession im Dienstleistungssektor, gespielt haben, in dem oft unterdurchschnittliche Löhne gezahlt wurden. In wichtigen eher überdurchschnittlich zahlenden Wirtschaftsbereichen (Bauwirtschaft, Verarbeitendes Gewerbe) liegt das Beschäftigungsvolumen dagegen auch heute noch deutlich unter dem Vorkrisenstand.

d) Verbrauchervertrauen in Kanada: Die Grafik M2d zeigt die Entwicklung im Verbrauchervertrauen in den zehn Jahren zwischen Juli 2004 und Juli 2014. Ausgehend von einem Indexwert 100 im Jahre 2002 sieht man zunächst eine weitgehend positive Entwicklung bis 2007. Mit der Rezession brach auch das Vertrauen der kanadischen Verbraucher ein und der Indexwert fiel Ende 2008 auf den niedrigsten Wert (50). In den Folgejahren kam es zwar zu einer leichten Verbesserung des Verbrauchervertrauens, aber der Wert schwankt nach wie vor nur um 80. Verantwortlich ist dafür nach Ansicht der Verbraucher die kanadische Regierung, die es nicht geschafft hat, durch geeignete Investitionen und Maßnahmen die Rezession abzufedern und die Schwere der Krise aufzufangen. Bis heute vermisst man in Kanada Impulse für die kanadische Wirtschaft. Dazu gehören Maßnahmen zur Umstellung der Wirtschaft auf ein breiteres Angebot – weg von der einseitigen Rohstofforientierung – sowie die Erschließung neuer Märkte – weg von der Exportabhängigkeit im Handel mit den USA.

3.2 Eine Welt ist nicht genug

Lösungshinweise

4 Beschreiben Sie den Umgang der USA mit Ressourcen.
Der Wirtschaftsweltmeister ist auch Rekordhalter im Rohstoffverbrauch, bei der Müllproduktion, der Vergeudung von Wasser sowie der Verschwendung von Energie. Klimaanlagen, voll technisierte Haushalte, leistungsstarke Autos und blinkende Leuchtreklamen – die Liste des maßlosen Energieverbrauchs ließe sich beliebig fortsetzen. 5 % der Weltbevölkerung verbrauchen so etwa ein Viertel aller Energie weltweit. Das wird besonders am sogenannten ökologischen Fußabdruck der USA deutlich. Hier liegen die US-Amerikaner seit Jahrzehnten weit über ihrer Biokapazität: Ausgehend von einer Biokapazität von ca. vier globalen Hektar pro Kopf liegt der ökologische Fußabdruck bei ca. sieben globalen Hektar. Allerdings setzt in den USA ein Umdenken ein: Sowohl Ressourceneinsparungen als auch die Gewinnung erneuerbarer Energien spielen eine immer größere Rolle.

5 Vergleichen Sie mithilfe einer Internetrecherche das Verbraucherverhalten der Amerikaner beim Umgang mit Ressourcen mit dem der Deutschen.
Wir benötigen mehr Ressourcen als die Erde langfristig bereitstellen kann. Die Tabelle zeigt wie viele Planeten wir benötigen würden, wenn alle Menschen den gleichen Lebensstandard hätten wie die Bewohner von …

	Anzahl Planeten
Australien	5,4
USA	4,8
Russland	3,3
Deutschland	3,1
China	2,0
Brasilien	1,8
Indien	0,7
Welt	1,6

Quelle: Eigene Zusammenstellung nach Global Footprint Network National Footprint Accounts 2016

6 Begründen Sie die Unterschiede im Energiemix der Regionen der USA.
Die großen regionalen Unterschiede im Energiemix der US-amerikanischen Stromerzeugung lassen sich auf drei Gründe zurückführen: Zum einen geht es um die prinzipielle Verfügbarkeit von energetischen bzw. regenerativen Energierohstoffen, zum anderen bestimmt die traditionelle Stromerzeugung bis heute viele Staaten und zum Dritten prägen die Gesetzesvorgaben der Einzelstaaten im Hinblick auf Energiegewinnung und Einsatz regenerativer Energien den Ausbau erneuerbarer Energien.

Entsprechend stark werden nach wie vor Kohle und Erdgas sowie Atomkraft zur Energiegewinnung eingesetzt. Wasserkraft ist v. a. im Nordwesten aufgrund der hohen Reliefenergie gut nutzbar, Wind lässt sich v.a im „Windgürtel" (Nordwest-Zentral) gut nutzen.

7 Erläutern Sie die Nutzungsmöglichkeiten erneuerbarer Energien in den USA.
Das Potenzial für erneuerbare Energien ist in den USA gewaltig: Allein mit Solarstrom könnten die USA ein Drittel ihres Strombedarfs decken. Dabei haben Solaranlagen verglichen mit anderen regenerativen Energietechnologien noch das geringste Potenzial.
Enormes Potenzial bietet auch die Windkraft: In einem Viertel der Landfläche weht der Wind stark genug, um relativ preiswerten Strom herzustellen. Bundesstaaten aus dem „Windgürtel" wie Iowa oder South Dakota beziehen bereits mehr als 20 Prozent ihres Strombedarfs aus Wind. Auch hier gehen Experten davon aus, dass die USA bereits 2030 ein Drittel des Energieverbrauchs mit Windenergie decken können.
Die Wasserkraft wird bereits am intensivsten genutzt. Trotzdem gibt es auch hier noch erhebliches Potenzial: Nach Erhebungen für das US-Energieministerium beläuft sich das technisch nutzbare Potenzial für neue Wasserkraftprojekte in den USA auf rund 65 Gigawatt. Die größten Ressourcen gibt es in den westlichen Bundesstaaten Washington, Idaho, Alaska, Oregon, Montana, Colorado und Kalifornien. In den restlichen Landesteilen finden sich vor allem in Kansas, Wyoming, Missouri und Pennsylvania geeignete Standorte.

Stromerzeugung USA 2015	
Erneuerbare Energie	13 %
davon Wasser	46 %
Wind	35 %
Biomasse	8 %
Photovoltaik	5 %
Siedlungsabfälle	3 %
Geothermie	3 %
Kernenergie	20 %
Erdgas	33 %
Kohle	33 %

Zusammengestellt nach www.eia.gov/energy_in_brief/article/renewable_electricity.cfm

8 Beurteilen Sie die Perspektiven für die Weltenergiereserven unter Berücksichtigung des US-amerikanischen Verbrauchs.

Die statische Reichweite von Rohstoffen ist ein Kunstbegriff, der der Vergleichbarkeit dient. Sie wird in Jahren gemessen und berechnet sich aus dem jährlichen Verbrauch und der Menge der bekannten Reserven, die sich mit heutiger Technik zu heutigen Preisen fördern lassen. Die statische Reichweite ist aber nur bedingt aussagekräftig, da sich einerseits der Verbrauch ständig ändert und andererseits immer noch neue Vorkommen entdeckt werden. Bei steigenden Energiepreisen lohnt sich auch der heute noch nicht wirtschaftliche Abbau von Vorräten.

Natürlich ist der Verbrauch der USA besorgniserregend, aber auch andere Staaten (z. B. Mittlerer Osten, Westeuropa, China) leben deutlich über ihre Verhältnisse. Durch die Debatte um den Klimawandel sowie die Endlichkeit der fossilen Energieträger hat bereits ein Umdenken begonnen. Auch in den USA rücken erneuerbare Energien als Alternativen zu den fossilen Energieträgern immer mehr in den Fokus; auch in den USA spielen Energieeinsparungen und Rohstoffrecycling einen immer größere Rolle. Insofern sollten die Perspektiven des Weltenergieverbrauchs nicht an den USA ausgerichtet werden, sondern alle Industrie- und Schwellenländer in den Blick nehmen.

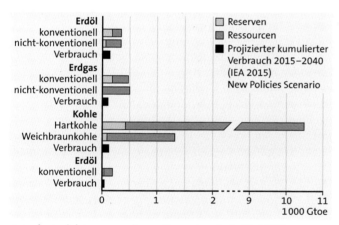

Angebot nicht erneuerbarer Energierohstoffe 2015

Nach Bundesanstalt für Geowissenschaften und Rohstoffe (BGR): Energiestudie 2015. Reserven, Ressourcen und Verfügbarkeit von Energierohstoffen, S. 82

9 Erläutern Sie die von den USA erhofften Vorteile der Schiefergasnutzung.

Die USA verfügen über nennenswerte Schiefergas-Vorkommen, die ihren Energiebedarf in den nächsten drei Jahrzehnten zu einem erheblichen Teil decken könnten. Die Förderung von Schiefergas hat sich zum Jobmotor in den USA entwickelt, da sowohl in der Produktion der Fördertechnik als auch bei der Förderung selbst zahlreiche Arbeitsplätze geschaffen wurden. Darüber hinaus entlastet die Gasförderung im Land die Importbilanz. Schließlich hat die Förderung weitere positive Auswirkungen auf die Wirtschaft (z. B. Senkung der Verbraucherkosten für Erdgas und Strom, Ankurbelung des Wirtschaftswachstums, Erhöhung des Steueraufkommens).

10 Präsentieren Sie nach einer Internetrecherche die Risiken des Frackings.

Individuelle Lösung. Als Risiken könnten vor allem Belastungen des Grund- und Trinkwassers, der hohe Flächenverbrauch, die Erdbebengefahr sowie die Zerstörung von Landschaft angeführt werden.

11 Nehmen Sie Stellung zu der Aussage der Karikatur 10.

Während der Vertreter der Ölindustrie den Kopf im wahrsten Sinne des Wortes in den Sand steckt, verweist der Texaner (Flagge am Gürtel) auf die Gefahren des Frackings. Die Warnungen sind nachvollziehbar. Selbst wenn die Gefahr häufigerer Erdbeben bisher nicht wissenschaftlich nachgewiesen werden konnte und entsprechend geleugnet wird, so sind die anderen Gefahren des Frackings offensichtlich: Umweltverschmutzung durch die Verbrennung von verschmutztem Erdgas. Dabei werden noch nicht einmal die Belastungen des Trinkwassers durch die beim Fracking verwandten Chemikalien kritisiert.

12 Vergleichen Sie die beiden Energieressourcen Schiefergas und Ölsande hinsichtlich Ökonomie und Ökologie.

	Schiefergas	Ölsande
Ökonomie	+ große Vorkommen	+ große Vorkommen
	+ größere Unabhängigkeit von Importen	+ Energiesicherung für 30 Jahre
	+ Arbeitsplätze	+ Arbeitsplätze
	– hohe Investitionskosten	– hohe Gewinnungskosten
Ökologie	– Erdbebengefahr	– Zerstörung der Landschaft
	– Zerstörung der Landschaft	– Gefährdung des Grundwassers
	– Vergiften des Grundwassers	– hoher Wasserverbrauch
		– Klärschlammteiche

TERRA Lehrerband Oberstufe Angloamerika
ISBN: 978-3-12-104740-6

19

13 Führen Sie ein Rollenspiel zu einer Anhörung im kanadischen Parlament durch, bei dem die Nutzung der Ölsande in Alberta beantragt wird.
Teilnehmer: Private Investoren, Umweltschützer, Vertreter Albertas (Arbeitsplätze, Steuereinnahmen)
Mögliche Aspekte des Rollenspiels: Die Ölproduktion aus Ölsanden ist sehr klima- und umweltschädlich. Für die Förderung im Tagebau werden riesige Flächen entwaldet, und enorme Mengen (heißes) Wasser benötigt. Da zur Gewinnung eines Liters Öl zwei bis vier Liter Wasser nötig sind, kommen riesige Mengen Wasser zum Einsatz, die aber nicht wieder aufbereitet werden.Neben den Lösungsmitteln fallen während des Veredelungsprozesses in den Raffinerien unterschiedliche Abfallprodukte wie Schwefel oder Asphalt an, die in Gruben oder Behältern gelagert werden. Das verbleibende Wassergemisch enthält neben Sand noch weitere Substanzen wie Lehm, Schlick, eine bestimmte Menge Öl und Lösungsmittel. Es wird einfach in großen künstlichen Seen „entsorgt". Diese gefährden sowohl das Grund- und damit das Trinkwasser, sind vermutlich aufgrund der enthaltenen Reste an Lösungsmitteln für einen Anstieg der Krebserkrankungen verantwortlich und stellen in der Natur eine Gefährdung der Biodiversität dar. Andererseits machen die weltweite Ressourcenknappheit und die hierdurch steigenden Rohstoffpreise die bis vor kurzem noch finanziell unattraktive Ölsand-Förderung rentabel. Die Einfuhr von Öl aus einem politisch stabilen Land wie Kanada, das gute Kontakte zu westlichen Ländern – den Hauptabnehmern des kanadischen Öls – pflegt, stellt für diese einen immensen Vorteil dar: Sie müssen nicht aufgrund von politischen Konflikten mit Lieferungsschwierigkeiten bzw. schwankenden Preisen rechnen. Kanada schafft Arbeitsplätze und könnte seinen Staatshaushalt sanieren.

3.3 Entwicklung des altindustriellen Kerngebietes

Lösungshinweise

14 Beschreiben Sie die Standortfaktoren im Manufacturing Belt.
Maßgeblich für die Entwicklung des Industriegebietes waren das Vorhandensein der Rohstoffe (Steinkohle und Eisenerz), das nötige Energieangebot (Wasserkraft, Holzreichtum), das Arbeitskräfteangebot (v. a. große Masse an Zuwanderern aus Europa) und die Verkehrsgunst mit der Lage an den Großen Seen. Auf der Basis der Stahlindustrie bauten weitere Branchen (v. a. Automobilindustrie) auf, sodass Agglomerations- und Fühlungsvorteile schon bald hinzukamen.

15 Charakterisieren Sie die Bedeutung des Manufacturing Belts in den USA zwischen 1860 und 1970.
Der Manufacturing Belt, Heartland of America, war das industrielle Zentrum der Vereinigten Staaten. Er dehnte sich von den Metropolen an den Großen Seen (Chicago, Detroit) bis zu den Metropolen an der Atlantikküste (New York, Boston, Philadelphia) aus. Bis weit in das 20. Jahrhundert hinein waren hier die verschiedenen Industrien konzentriert. Dazu gehörten neben der Stahl- und Automobilindustrie auch Elektrotechnik, Maschinenbau, Nahrungsmittelindustrie und Chemische Industrie.
Absatzeinbußen auf dem Stahlmarkt infolge sinkender Nachfrage (z. B. durch Substitution von Stahl durch andere Werkstoffe) und die Konkurrenz durch Billiganbieter auf dem Weltmarkt (z. B. einige Entwicklungsländer) stürzten in den 1960er Jahren auch die Stahlindustrie in eine Krise, die sich auf den gesamten Manufacturing Belt ausweitete.

16 Erläutern Sie die Entwicklungsphasen im Aufstieg und Fall des Manufacturing Belts.
Aufstieg: Seinen Ursprung hatte der Manufacturing Belt in der Textilverarbeitung. Erst die Erschließung der Steinkohle- und Erzreviere in den Appalachen sowie der Eisenerzvorkommen am Ohio River sorgte für die Entstehung der Schwerindustrie. Beim Manufacturing Belt handelt es sich nicht, wie der erste Blick auf eine Karte vermuten lässt, um eine homogene Industriezone, sondern er setzt sich aus verschiedenen Subregionen mit einem jeweils eigenen wirtschaftlichen Profil zusammen. Der Großraum Pittsburgh entwickelte sich auf der Grundlage der Rohstoffe Steinkohle und Erz in der zweiten Hälfte des 19. Jahrhunderts zum Zentrum der Schwerindustrie. Der Raum war geprägt von Bergbau, Eisen- und Stahlindustrie. Bis heute gilt Pittsburgh als „Stahlküche der USA".
Der zweite bedeutende industrielle Standort war der Großraum Detroit, Schwerpunkt der amerikanischen Automobilindustrie.
Einen weiteren Schwerpunkt im Manufacturing Belt bildete der Raum Chicago mit einer äußerst vielseitigen Industriestruktur. Sie reichte von der Schwerindustrie über den Maschinenbau und die Nahrungsmittelindustrie bis zum Druckgewerbe. Chicago profitierte von seiner günstigen Lage als Umschlagplatz zwischen den Großen Seen und dem Mississippi. Es war der „Gateway", durch den viele Einwanderer in den Westen strömten.
Der letzte Teilraum ist das stark verstädterte Gebiet zwischen Boston und Washington („Boswash"), wo auf 6 % der Landfläche der Vereinigten Staaten 22 % der Gesamtbevölkerung der USA leben – und ebenfalls 22 % aller Beschäftigten der USA. Wirtschaftlich ist die Megalopolis gekennzeichnet durch Veredlungsindustrien.

Hochzeit: Die Standortgunst und die Rohstoffbasis, die große Masse der Zuwanderer aus Übersee sowie die Marktvorteile und die günstige Konjunkturlage in der ersten Hälfte des 20. Jahrhunderts führten dazu, dass im Manufacturing Belt, der nur ca. 11 % des Staatsgebietes der USA umfasst, 1950 ca. 40 % der Bevölkerung und über 60 % der Industriebeschäftigten ansässig waren, die etwa zwei Drittel der industriellen Wertschöpfung erbrachten.

Fall: Mit dem Sinken der Rohstoffnachfrage begann der langsame Abstieg. Zunächst gerieten die Zechen in Schwierigkeiten, da Fortschritte in der Hüttentechnik den Verbrauch von Kohle je Tonne Rohstahl um mehr als die Hälfte sinken ließen. Als auch der Eisenerzverbrauch aufgrund geänderter Produktionsverfahren (Rohstahlproduktion aus Schrott) zurückging, wurden für die Stahlwerke die Nachbarschaft zu den Abnehmern (vor allem Fahrzeug- und Maschinenbau) sowie die Beschaffungsmärkte für Schrott als Standort entscheidend. Davon profitierten vor allem die industriellen Ballungsräume an den Großen Seen, später auch die Stahlstandorte an der Atlantik- und Golfküste, die hauptsächlich Importerze aus Übersee verarbeiteten. Absatzrückgänge beim Stahl und der erste Ölpreisschock von 1973 beschleunigten den Niedergang. Es kam zu Betriebsstilllegungen, zu Kapitalabzug aus den produzierenden Unternehmen und zur Entlassung von Arbeitskräften. Hohe Arbeitslosigkeit, Abwanderung von Teilen der Bevölkerung, finanzieller Ruin zahlreicher kleinerer Gemeinden durch fehlende Steuereinnahmen und Verslumung innerstädtischer Viertel waren die Folge. Der Manufacturing Belt geriet in den schlechten Ruf, der „Rust Belt" der Vereinigten Staaten zu sein.

Revitalisierung: Die verstärkte Ansiedlung von Handels- und Dienstleistungsbetrieben, vor allem aber von High-Tech-Unternehmen schuf die Grundlagen für einen neuen Aufschwung. Damit ist die Beschäftigung in den traditionellen Industriezweigen enorm zurückgegangen, während der Dienstleistungssektor und die wissensintensiven Branchen der High-Tech-Industrie stark an Bedeutung zugenommen haben. Unterstützt wird der wirtschaftliche Umschwung durch die enge Kooperation der neuen Betriebe mit wissenschaftlichen Institutionen, z. B. der Biotechnologie, der Pharmazie oder der Informationstechnologie. Der Erlass strengerer Umweltschutzverordnungen hat zudem die Umweltsituation verbessert, sodass auch die allgemeine Lebensqualität gestiegen ist. Zum Wiederaufschwung trug schließlich auch der Imagevorteil der Metropolen des Manufacturing Belts bei.

17 Beurteilen Sie die Aussage der Karikatur 21.
Die Aussage trifft leider zu, auch wenn der Vergleich mit billigen Energien hier nicht gut hineinpasst. Der Dodo starb aus, weil er flugunfähig und ein Bodenbrüter war. Eingeschleppte Tiere (v. a. Ratten) rotteten ihn innerhalb weniger Jahre aus, weil er sich nicht schnell genug anpassen konnte. Auch Detroit verpasste die Modernisierung und die damit verbundenen Umstrukturierungen in der Industrie. So war man auf die Billigkonkurrenz aus dem Ausland sowie den Nachfragerückgang unvorbereitet – und starb (fast) aus.

18 Entwickeln Sie Vorschläge mit Maßnahmen zur Revitalisierung des Manufacturing Belts.
Mögliche Maßnahmen zur Revitalisierung könnten sein:
- Ansiedlung neuer Unternehmen, ggf. mithilfe eines Industrieparks;
- Anlocken von Start-up-Unternehmen durch staatliche oder kommunale Subventionen;
- neue Nutzungskonzepte von Industriebrachen (z. B. Indoor-Farming);
- Imagekampagne, um dem schlechten Ruf als Rust Belt entgegenzuwirken.

19 Beschreiben Sie die Versäumnisse der letzten Jahrzehnte im Manufacturing Belt.
Knapp gesagt – die Unternehmen im Manufacturing Belt haben die Entwicklung verschlafen. Sie haben nicht wahrgenommen, wie ihre Produkte immer weniger nachgefragt wurden; sie haben nicht reagiert, das andere Produkte ihre ersetzt haben; sie haben nicht neue Branchen und Industriezweige angeworben und in ihr Produktionsnetz eingebunden; sie haben zu wenig in neue Produkte investiert (verpasste Entwicklungen im Bereich Forschung und Entwicklung); sie haben die Konkurrenz aus dem Ausland unterschätzt, weil sie sich in ihrer Marktbedeutung zu sicher waren. Neben diesen Versäumnissen sorgten auch schlechte Standortfaktoren (z. B. zu hohe Löhne, zu hohe Lebenshaltungskosten, zu hohe Grundstückskosten) für Abwanderung bzw. Ansiedlung von neuen Industrien in anderen Regionen der Vereinigten Staaten.

20 Erläutern Sie die neuen Impulse, die vom Lean-Production-Prinzip ausgehen.
Lean-Production verschlankt die Produktion und macht sie insgesamt effektiver. Dazu gehören das Vermeiden von Überproduktionen, die Kapital binden und Lagerkosten verursachen, das Vermeiden von Wartezeiten, die den Produktionsprozess und damit das Produkt durch höhere Lohnkosten verteuern, das Vermeiden unnötiger Wege, die durch schlechte Planung, unnötige Transporte und ineffektive Arbeitsprozesse entstehen, sowie die Vermeidung von Fehlern, indem Personal besser geschult und höher qualifiziert ist. Einfache Arbeitsprozesse übernehmen Maschinen.
(siehe dazu auch: https://www.klett.de/alias/1010902)

21 Charakterisieren Sie die Innovationsansätze von Aquaponic.
Charakteristisch bei der Aquaponic ist der gemeinsame Wasserkreislauf für die Fisch- und die Pflanzenproduktion. Was die Fische ausscheiden, gelangt als Dünger zu den Pflanzen im Stockwerk darüber. Die Pflanzen reinigen das Abwasser aus der Fischzucht, indem sie den Dünger aufnehmen, und so ist der Kreislauf hergestellt. Bakterien wandeln dabei Ammonium und Ammoniak der Fischausscheidungen über das Zwischenprodukt Nitrit in Nitrat um, welches dann als Nährstoff den Nutzpflanzen zur Verfügung steht. Im Gegensatz zur Aquakultur muss bei der Aquaponik das Wasser nicht laufend erneuert oder aufwändig gefiltert werden, da

durch die bakteriellen Prozesse die für die Fischhaltung nötige Qualität erhalten bleibt. Dadurch ist eine Entsorgung des Wassers (und die hierbei auftretende Überdüngung natürlicher Gewässer) hinfällig.
Eine Besonderheit stellt die neue Nutzung von Industriebrachen dar. In leer stehenden Hallen ist nun die innerstädtische Erzeugung von Fisch und Gemüse möglich.

22 Beurteilen Sie die Chancen einer rentablen Aquaponic-Pflanzen- und Fischzucht in Deutschland.
Natürlich sind auch bei uns rentable Aquaponic-Betriebe denkbar, allerdings kommt es auf die Größe an. Da sie nicht grundsätzlich an Industriebrachen gebunden sind, sondern auch ehemalige Stallungen etc. als Räumlichkeiten nutzen können, sind diese Betriebe standortungebunden. Zwar wirft das System schnell Gewinn ab, da alles frisch angeboten werden kann, aber neben den relativ hohen Anschaffungskosten sind es die laufenden Energiekosten für Beleuchtung, Heizung und Pumpen, die ins Gewicht fallen. In Deutschland hat sich die Berliner Firma Efficient City Farming (ECF) bereits etabliert.

Frischfisch vom Dach
Beim Anblick des Aquaponik-Prototypen auf dem Gelände von ECF könnten Selbstversorger ins Schwärmen geraten. Die Vorstellung vom selbst gezogenen Gemüse, das neben dem gerade gefangenen Fisch auf dem Mittagstisch landet, ist verlockend. Eine Containerfarm im Hinterhof oder auf den angrenzenden Garagendächern scheint die ideale Lösung zu sein. Eine Rentabilität erreichen Farmen erst ab einer Größe von mindestens 600 Quadratmetern, für Selbstversorger also lohnt sich das System nicht.
ECF sieht eher Supermärkte und Gastronomie als Klientel. Und falls die Gebäudedächer nicht für hohe Traglasten ausgelegt sind, sollen die Aquaponik-Farmen über Kundenparkplätzen schweben: ECF Stadtfarmen können auf drei Meter hohen Stelzen errichtet werden, sozusagen als Parkplatzüberdachung. Dass ECF damit Erfolg haben wird, liegt für die Geschäftsführung auf der Hand: „Unternehmen werden immer häufiger ihr eigenes Gemüse in der Stadt produzieren. Es gibt eine große Nachfrage nach lokal und transparent angebautem, superfrischem Bio-Gemüse und –Fisch."
Tatsächlich liegen Aquaponik-Systeme voll im Trend. Sie bieten den ultralokalen Anbau von Gemüse und Fisch. Und das bedeutet nicht nur Frische, sondern ist auch nachhaltig: Transportkilometer und Kühlketten fallen ebenso weg wie Pestizide, der Wasserverbrauch ist gering, die Produktionsbilanz beinahe CO_2-neutral. Denn das CO_2 der Fische wird von den Pflanzen gebunden.
http://www.n-tv.de/wissen/Frischfisch-vom-Dach-article7080986.html (verändert und stark gekürzt), Autorin: Andrea Schorsch

3.4 Innovationszentren wirtschaftlicher Entwicklung

Lösungshinweise

23 Beschreiben Sie die Binnenwanderungen in den USA 2012 – 2013.
Bei den Binnenwanderungen in den USA zwischen 2012 und 2013 sieht man die deutlichen Wanderungsverluste im Nordosten (Großraum New York minus 100 000, Großraum Chicago minus 50 000, Großraum Detroit minus 10 000) zugunsten v. a. der Sun States. Überraschend sind der Wanderungsverlust im Großraum Los Angeles (minus 30 000) sowie die Wanderungsgewinne im Nordwesten (Seattle). Daneben gibt es lokale Verschiebungen, die aber an der grundsätzlichen Wanderungstendenz nichts ändern.

24 Erläutern Sie die Wirtschaftsstruktur der Golfküste.
Die Wirtschaft im Sun Belt wird von sechs Säulen getragen: Hochtechnologie (Elektronik, Weltraumtechnik), Agrobusiness, Rüstungsindustrie (Waffenherstellung), Petrochemie (Öl) sowie Immobilien und Freizeit. Die Wirtschaft der Golfküste zeichnet sich v. a. durch die Nutzung der dort vorhandenen Rohstoffe Erdöl und Erdgas aus. Entsprechend zahlreich vertreten sind chemische Industrien (v. a. in der Region Houston, Texas City / Galveston, Lake Charles, Baton Rouge). Dazu gehören sowohl Raffinerien als auch Erdöl verarbeitende Industrien. Daneben gibt es zahlreiche Standorte der Elektrotechnik. Seltener vertreten sind Industrien der Lebensmittel- und Holzverarbeitung sowie der Bekleidung. Neben den Industrien haben sich drei große (Houston, Dallas, New Orleans) und zwei kleinere (Beuamont, Corpus Christi) Wirtschaftszentren mit hohem Dienstleistungsanteil entwickelt. Vor allem Dallas und Houston bieten die wesentlichen Branchen des Tertiären Sektors: Handel und Transport, Finanz- und Wirtschaftsdienstleistungen sowie Verwaltung, Bildung und Gesundheit.

25 Vergleichen Sie die Standortfaktoren des Sun Belts mit denen des Manufacturing Belts.

Standortfaktor	Manufacturing Belt	Sun Belt
Arbeitskräfte	billige Arbeitskräfte, gut ausgebildet	billige Arbeitskräfte, gut ausgebildet
Infrastruktur	sehr gut ausgebaut, geschlossenes Industriegebiet	sehr gut ausgebaut, allerdings Konzentration auf viele kleinere Regionen
Lage	günstige Lage an den Großen Seen („Vierte Küste der USA") und am Atlantik	günstige Lage am Golf von Mexiko und Pazifik
Absatzmarkt	großer Absatzmarkt zwischen den Großen Seen und der Ostküste, internationale Ausrichtung über den Atlantik nach Europa	expandierende regionale und lokale Märkte, internationale Ausrichtung über den Pazifik nach Asien
Rohstoffe	Kohle und Eisenerz, weniger nachgefragt	Erdöl und Erdgas, billige Energie- und Rohstoffe
Fühlungsvorteile	gute Kooperation im Bereich der Metallverarbeitung, wenig Austausch mit Universitäten und Forschungseinrichtungen	enge Zusammenarbeit zwischen Unternehmen und Universitäten
Weiche Standortvorteile	wenig ausgeprägt, kälteres Klima und schlechtes Image (Rust Belt), inzwischen wieder Verbesserung	Klimagunst, gutes Image (Sun Belt), viele Freizeitangebote; Amenity-Faktoren

26 Erörtern Sie, ob und inwieweit die Karte des Happyness-Index die Lebenszufriedenheit in den neun Industriegebieten widerspiegelt.

Die besondere Zufriedenheit v. a. in den südlichen Staaten und die geringere Zufriedenheit in den nördlicheren Staaten legt auf den ersten Blick die Vermutung nah, dass dies durch die neuen Industriegebiete verursacht wird. Allerdings wird die Zufriedenheit sicher nur zu einem Teil direkt mit den Arbeitsplätzen zusammenhängen. Daneben werden die für die Industrieansiedlung als weiche Standortfaktoren relevanten Aspekte auch ausschlaggebend für die Lebensqualität in diesen Bereichen sein: hoher Freizeitwert, angenehmes Klima, positive Lebenseinstellung. Insofern sollte man eher formulieren, dass der Happyness-Index das Wohlfühlen der Bevölkerung allgemein wiederspiegelt, welches wiederum dann auch Einfluss auf die Attraktivität der neuen Industriegebiete hat.

27 Beschreiben Sie das Foto 34.

Das Bild des Silicon Valley zeigt die Tallage des Industriegebietes, die durch die steil ansteigenden Gebirge deutlich begrenzt ist. Trotz der hohen Nachfrage nach Wohn-, Büro- und Arbeitsflächen ist die Bebauung relativ niedrig und das Industriegebiet mit zahlreichen Grünflächen durchsetzt. Daneben wirken die Gebäude sehr modern (viele Glaselemente) und die gesamte Anlage sehr adrett und aufgeräumt. In den Randbereichen des Tales dominiert die Einfamilienhaus-Struktur.

28 Charakterisieren Sie die Wirtschaftsstruktur im Silicon Valley.

Auf engstem Raum liegen Universitäten, Banken, Unternehmen und Forschungseinrichtungen zusammen. Natürlich sind auch die nötigen Arbeitskräfte – vom Programmierer über Ingenieure bis hin zum Management-Spezialisten vorhanden – und für Nachschub wird sowohl durch die Universitäten vor Ort als auch durch die Magnetfunktion des Silicon Valley weltweit gesorgt. Fühlungsvorteile, ein hervorragendes Image, eine gut ausgebaute Infrastruktur und der Pioniergeist des Tales prägen den Standort. Obwohl das Tal durch seine IT-Entwicklungen geprägt wurde und bis heute ein Großteil der Unternehmen in diesem Bereich tätig ist, hat sich daneben eine vielseitige und modern aufgestellte Industrie entwickelt, die enge Zusammenarbeit mit den anderen Firmen pflegt. Biotechnologie, Medientechnik, Feinmechanik, Pharmazie und Medizintechnik haben sich hier etabliert und sorgen für Stabilität und eine breite Produktionspalette.

29 Beurteilen Sie die Erfolgsmerkmale des Silicon Valley.

Man kann zwei ganz besondere Merkmale hervorheben: Erfolgshunger (fast schon Erfolgsgier) und sehr hohe Risikobereitschaft treffen sich im Silicon Valley und erzeugen die Mischung, die den Erfolg ausmacht. Die Aussichten auf das große Geld locken nicht nur die erfolgshungrigen Absolventen der ansässigen Universitäten, sondern aus der ganzen Welt. Diese schlagen lukrative Jobangebote aus, um im Silicon Valley bei einem der kleinen Startups anzuheuern. Sie tauschen die finanzielle Sicherheit lieber gegen das hohe Risiko ein, das sich hinter der Entwicklung absoluter Neuheiten verbirgt. Diese Produktionen kosten eben nicht nur viel Geld, sondern verlangen auch großen Mut und Vertrauen – und bieten die Chance, superreich und berühmt zu werden. Das notwendige Risikokapital wird von Unternehmern und Einzelpersonen gerne bereitgestellt, denn auch ihnen winken riesige Gewinne – auch wenn nur jedes zehnte Startup die ersten zwei Jahre übersteht.

3.5 Industrie 4.0

Lösungshinweise

30 Erläutern Sie die dargestellte Zukunft der Industrie.
Bei dieser vierten industriellen Revolution verbinden sich die einzelnen Maschinen und Anlagen für einen automatischen Datenaustausch – innerhalb der Produktionshalle, innerhalb des Unternehmens, z.T. sogar auch außerhalb eines Betriebes. Die Vernetzung der Maschinen und Produktionsbetriebe sowie die Integration von Informations- und Internettechnologien in Sensoren, Maschinen- und Produktionsanlagen sollen den Produktionsprozess z.B. durch Automatisierung revolutionieren. Die Systeme sowie (teil-) autonomen Maschinen sollen sich ohne menschliche Steuerung in und durch Umgebungen bewegen und sogar selbstständig Entscheidungen treffen.

31 Vergleichen Sie die unterschiedlichen Positionen zur Stärke der deutschen und der US-Industrie.
Beide Quellen (40 und 41) sind sich einig, dass die USA im globalen Wettbewerb sehr stark und Deutschland überlegen sind. Verantwortlich ist dafür die Rückverlagerung von Industriearbeitsplätzen in die USA. Möglich ist dies durch niedrige Produktionskosten aufgrund niedriger Löhne und günstiger Energiepreise. Damit locken die USA sogar ausländische Unternehmen an.
Demgegenüber hinkt Europa und insbesondere Deutschland hinterher: Die Bevölkerung ist älter und Deutschland ist weniger innovativ, obwohl es bis vor einigen Jahren noch Weltmarktführer hatte. Allerdings scheint Deutschland die Entwicklung zu verschlafen – und gerade bei der Digitalisierung der Industrie verpasst Deutschland den Anschluss.

32 Präsentieren Sie nach einer Internetrecherche eine der Innovationsindustrien der USA.
Individuelle Schülerlösung.
Linktipps zum Einstieg:
– Ogden/Utah:
  http://business.utah.gov/programs/office-of-outdoor-recreation/companies/
– San Antonio/Texas:
  http://www.sanantonioedf.com/industry-clusters/information-technologycybersecurity/
– Kansas City/Kansas:
  http://www.huffingtonpost.com/jason-grill/kansas-citys-downtown-bec_b_4192653.html
– Indianapolis/Indiana:
  http://www.biocrossroads.com/we-connect/overview/indiana-life-sciences/
– Albany/New York:
  http://www.albany.com/nanotech/
– Asheville:
  http://www.citizen-times.com/story/news/local/2015/08/04/brewery-industry-enjoys-growth-boom-lifts-economy/31101251/
– Nashville/Tennessee:
  http://healthcarecouncil.com/

3.6 Vom Blaumann zum Barmann?

Lösungshinweise

33 Beschreiben Sie die Verteilung des US-amerikanischen BIP nach Wirtschaftssektoren.
Bei der Zusammensetzung des BIP in den USA 2014 spielt der Primäre Sektor keine Rolle (1,45 % Anteil). Auch der Sekundäre Sektor ist mit 20,5 % nur gering beteiligt, wobei das Verarbeitende Gewerbe nicht einmal 15 % an der BIP-Entstehung erreicht. Verantwortlich für knapp 80 % des BIP ist der Tertiäre Sektor. In den Bereichen Immobilien, Vermietung und Leasing (13 %), Handel (11,8 %), Öffentlicher Sektor (13 %) und Unternehmensdienstleistungen (11,9 %) werden zusammen über 50 % des BIP generiert.

34 Erläutern Sie die Entwicklung der Beschäftigtenzahl in der US-Industrie.
Die Entwicklung der sektoralen Beschäftigten zwischen 1850 und 2020 zeigt den Bedeutungsverlust der Beschäftigten im Primären Sektor (Niedergang von über 60 Mio. 1850 auf ca. 5 Mio. 1960 und ca. 1,5 Millionen 2020), den Aufstieg des Tertiären Sektors (von 25 Mio. 1850 kontinuierlich auf 80 Mio. im Jahr 2000, seither Stagnation) und den langsamen Auf- und Abstieg im Sekundären Sektor. Durch die Industrialisierung entstanden in den USA viele Arbeitsplätze in der Industrie, sodass nach 1850 (ca. 15 Mio. durch Bergbau, Baugewerbe und Manufakturen) die Zahl der Beschäftigten bis 1960 ziemlich kontinuierlich auf ca. 33 Mio. Beschäftigte stieg. Damit ist der Anstieg im Vergleich zu anderen

Industrieländern, in denen die Industriebeschäftigten zur Mitte des letzten Jahrhunderts ca. 50 % Anteil hatten, relativ moderat ausgefallen. In den USA beträgt der Anteil der Beschäftigten im Sekundären Sektor nur ca. ein Drittel. Durch immer weitere Automatisierung in der Produktion wurden Arbeitsplätze rationalisiert. Die Verlagerung von arbeitsintensiven Fertigungsprozessen in Billiglohnländer sorgte ebenfalls für den Verlust von Arbeitsplätzen in den USA, sodass die Zahl der Beschäftigten bis zum Jahr 2000 allmählich auf knapp 20 Millionen absank. Seither stagniert der Wert, in der letzten Dekade ist sogar ein leichter Anstieg durch die Rückwanderung von Industriearbeitsplätzen erkennbar.

35 Beurteilen Sie die Aussage: „Manufaturing's loss is bartender's gain".
Die Aussage ist nur statistisch haltbar, denn tatsächlich entsprechen die Arbeitsplatzverluste der Fabrikarbeiter der Zunahme an Arbeitsplätzen bei Kellnern und Barkeepern. Allerdings ist hier inhaltlich kein Zusammenhang zu sehen, denn der Verlust der hochbezahlten Stellen für Industriearbeiter kann mit den geschaffenen Billiglohnstellen in der Gastronomie nicht verglichen werden. Vielmehr handelt es sich dabei um schlecht bezahlte Zweitjobs von ungelernten Gastronomiearbeitskräften, die die ausgebildeten Arbeitskräfte ersetzen.

36 Nehmen Sie Stellung zu der Frage, ob Dienstleistungen die Jobs der Zukunft bringen.
Die Bedeutung der Dienstleistungen wird bleiben, vielleicht noch wachsen. Die Nachfrage in der Versorgung einer immer älter werdenden Gesellschaft wird weitere Arbeitsplätze im Dienstleistungsbereich (Pflege und Betreuung) schaffen. Unter diesen persönlichen und haushaltsnahen Dienstleistungen finden sich viele einfache und oft schlecht bezahlte Tätigkeiten. Allerdings ist es fraglich, ob man darin die Zukunft sehen kann: Es ist eher unwahrscheinlich, dass diese Dienstleistungen produktiv für die Wirtschaft der USA sind, da hier keine Produkte entstehen, die nach außen vermarktet werden können. Vielmehr wird hier erwirtschaftetes Geld „unproduktiv" zur Pflege und Betreuung aufgewandt, das zwar als Lohn in den Geldkreislauf fließt, aber kein neues Geld schafft.

3.7 Wirtschaftsgigant Kanada?

Lösungshinweise

37 Beschreiben Sie die Wirtschaftsentwicklung Kanadas.
Kanada ist die elftgrößte Volkswirtschaft der Erde. Seine Wirtschaft stützt sich hauptsächlich auf Rohstoffe, Industrie und Landwirtschaft, wobei alle Wirtschaftszweige in erheblichem Maß exportabhängig sind. Die USA sind der mit Abstand größte Handelspartner. Kanada hat als Standort von Industriearbeitsplätzen innerhalb der NAFTA als Folge unbefriedigenden Produktivitätszuwachses an Bedeutung verloren. Als Bremse für die Produktivität kanadischer Unternehmen wirkt sich der Fachkräftemangel aus. Betroffen sind vor allem technische Berufe, Maschinenbau und Informationstechnologie. Aktuelles Problem Kanadas ist der Verfall der Öl- und Erdgaspreise, sowie die Tatsache, dass die USA, in die bislang 97 % der kanadischen Ölexporte gingen, über den Einsatz von Fracking zunehmend Importunabhängiger werden. Erdöl- und Erdgas-Industrie machen bislang etwa 10 % des kanadischen BIP aus. Die Ölpreiskrise führt zu einem erheblichen Verlust von Arbeitsplätzen.
(siehe auch: http://www.auswaertiges-amt.de/DE/Aussenpolitik/Laender/Laenderinfos/Kanada/Wirtschaft_node.html)

38 Charakterisieren Sie die Bedeutung des Rohstoffsektors für Kanadas Wirtschaft.
Die Bedeutung des Ressourcensektors für die kanadische Wirtschaft ist ausgesprochen hoch: Immerhin arbeiten 1,8 Millionen Beschäftigte in diesem Wirtschaftsbereich (gut 10 % aller Beschäftigten) und erwirtschaften damit 20 % des BIP. Das zeigt, dass die Arbeitsplätze in der Ressourcenwirtschaft sehr viel produktiver sind als der Durchschnitt der anderen Wirtschaftsbereiche. Allerdings birgt diese einseitige Ausrichtung auf die Ressourcenwirtschaft auch das Risiko, dass bei sinkender Nachfrage (z. B. bei den Energierohstoffen) Kanadas Wirtschaft sehr anfällig ist. Die Absatzrückgänge durch Fracking in den USA sowie der Verfall der Öl- und Gaspreise schlagen sofort auf Kanadas Wirtschaft durch.

39 Werten Sie die Karikatur 48 aus.
Die Karikatur zeigt eine Schnecke, auf deren Haus „Canada'S Economy" steht, die sich in Richtung Wirtschaftserholung (Schild: Recovery) bewegt. Die Schnecke ist Symboltier für Langsamkeit, was hier auf die Erholung der kanadischen Wirtschaft übertragen werden kann.

Didaktische Struktur: Industrialisierung der Landwirtschaft und ihre Auswirkungen auf den Weltagrarmarkt

		Zusatzangebote Klett (Auswahl)
Einstieg, Zielorientierung, Motivierung	**Auftaktseite: Industrialisierung der Landwirtschaft und ihre Auswirkungen auf den Weltagrarmarkt (S. 50)** – „Get big or get out" – Leitfragen zur Erschließung des Themenblocks – Einbringen von Hintergrundwissen und eigenen Vorstellungen – Auswertung einer einführenden Karikatur	
Naturräumliche Grundlagen	**Angloamerikas naturräumliches Potenzial (S. 51/52)** – Relief und Großlandschaften – Verbreitung der Böden und Vegetation – Klimazonale Gliederung Nordamerikas	**Haack Weltatlas** – Nordamerika – Landschaften, Klima, Naturgefahren, S. 194/95
Strukturwandel der US-amerikanischen Landwirtschaft	**Farming goes High-Tech (S. 53/54)** – Auflösung des Belt-Systems – „Landwirtschaftsgürtel" und ihre Verlagerung – Agrare Wirtschaftsräume in den USA **Prozesse des Strukturwandels (S. 55)** – Prozesse des agraren Strukturwandels in den USA – Dualismus der US-amerikanischen Landwirtschaft	**Haack Weltatlas** – Nordamerika – Landwirtschaft, S. 202 – Agrarräume in den USA, S. 203
Fallbeispiel Feedlots	**Feedlots – maßgefertigte Rinderfarmen (S. 56/57)** – Horizontale und vertikale Integration in der US-amerikanischen Landwirtschaft – Industrial Farming/Agrobusiness – Ursachen und Auswirkungen – Massentierhaltung aus der ökonomischen und ökologischen Perspektive	**Haack Weltatlas** – Feelot – Rindfleischproduktion in den USA, S. 203
Ursachen und Auswirkungen einer intensiven landwirtschaftlichen Nutzung	**Ärger mit der Umwelt (S. 58–63)** **Stress im Fruchtkorb (S. 58/59)** – Naturräumliche Voraussetzungen der Landwirtschaft in Kalifornien – Struktur und Bedeutung der kalifornischen Landwirtschaft – Zukunft der Landwirtschaft Kaliforniens **Dürren und kein Ende in Sicht (S. 60/64)** – Dürren in den USA – Ursachen und Folgen – Möglichkeiten und Risiken der Anpassung an Dürren – Ausmaß und Verbreitung der Bewässerung – Dürrekatastrophen und Einkommensentwicklung US-amerikanischer Farmer	**Haack Weltatlas** – Kalifornien, S. 202 **Great Plains – Naturraum, Landwirtschaft, Umweltproblematik** www.klett.de/alias/1038509 **Syndromkonzept** www2.klett.de/sixcms/media.php/229/104160_1802.pdf
Rolle der USA auf dem Weltagrarmarkt	**Die Rolle der USA im Agrarpoly (S. 64–67)** **Marktbeeinflussung (S. 64/65)** – Stellung der USA und Kanadas im Weltagrarmarkt – Weltweiter Getreidehandel – USA – Entwicklung des Agrarhandels **Sicherung von Macht und Einfluss – die ABCD-Gruppe (S. 66/67)** – Das ABCD des Weltagrarhandels – Cargills Rolle als Global Player	

Kanada – agrarer Global Player? (S. 68/69)
- Anbaubedingungen in den kanadischen Provinzen
- Entwicklung und Struktur der kanadischen Landwirtschaft
- Die Zukunft der kanadischen Landwirtschaft – Entwicklung eines Szenarios

Fallbeispiel Kanada

Zukunft der Landwirtschaft

Landwirtschaft aus dem Labor (S. 70/71)
- Entwicklung der Gentechnik in den USA
- Stellungnahme zur Verwendung gentechnisch veränderter Pflanzen aus verschiedenen Perspektiven

Ökologischer Landbau – agrares Nischendasein? (S. 72/73)
- Nordamerika und Deutschland – Vergleich der Bedeutung der ökologischen Landwirtschaft
- Bio-Zertifikate eine ausreichende Garantie?

4 Industrialisierung der Landwirtschaft und ihre Auswirkungen auf den Weltagrarmarkt

Strukturierungshilfe

Phase	Thema	Seite	Material	Aufgabe
Einstieg	Industrialisierung der Landwirtschaft und ihre Auswirkungen auf den Weltagrarmarkt – „Get big or get out" – Karikatur „Überrollt"	50	1	
Erarbeitung 1	Physisch-geographische Voraussetzungen der agraren Nutzung: a) Relief und Großlandschaften b) Klimazonale Gliederung c) Böden und Vegetation	51–52	2–4	1, 2
Hypothesenbildung	Agrare Nutzungsmöglichkeiten – Gunst- und Ungunstfaktoren			3
Erarbeitung 2	Agrarer Strukturwandel in den USA a) Agrarzonen und ihre Verlagerung b) Prozesse des Strukturwandels	53–55	5–13	4, 5
Erarbeitung 2	Fallbeispiel Feedlots	56–57	14–18	6, 7
Diskussion	Perspektivische Betrachtung der Massentierhaltung			8
Erarbeitung 3	Umweltprobleme im Agrarsektor (1) Fallbeispiel „Fruchtkorb Kalifornien"	58–59	19–22; 24–25	9, 10
Diskussion	Zukunft der Landwirtschaft Kaliforniens	59	23, 26	11
Erarbeitung 4	Umweltprobleme im Agrarsektor (2) a) Dürren in den USA – Räumliche Verbreitung, Ursachen und Folgen b) Maßnahmen gegen Dürren	60–63	27–35	12–14
Diskussion	Zusammenhänge zwischen Dürrekatastrophen, Einkommensentwicklung der Farmer sowie der Preisentwicklung bei Getreide		36, 38	15
Erarbeitung 5	Die Rolle der USA im Agropoly a) Marktbeeinflussung b) Die ABCD-Gruppe – Sicherung von Macht und Einfluss	64–67	39–52	16–18, 20
Diskussion	Die Rolle Cargills als Global Player		53–54	19, 21
Erarbeitung 6	Schwerpunkte der kanadischen Landwirtschaft	68–69	56–61	22, 23
Präsentation	Szenario für die Zukunft der kanadischen Landwirtschaft			24
Erarbeitung 7	Entwicklung und Bedeutung der Gentechnik in den USA	70–71	62–70	25–27
Erarbeitung 8	Entwicklung und Bedeutung der ökologischen Landwirtschaft in den USA	72–73	71–76	28–31

Der Karikaturist sieht in der mit „Überrollt" betitelten Karikatur das US-amerikanische Agrobusiness äußerst kritisch. Der zahlreiche Dollars „produzierende" überdimensionale Mähdrescher beschert Konzernen wirtschaftlichen Reichtum. Der „Dollarsegen" ist die eine Seite, die andere Seite ist eine zerstörte Landschaft, in der auch die kleinen Farmen überrollt werden.

4
1

Industrialisierung der Landwirtschaft und ihre Auswirkungen auf den Weltagrarmarkt – Angloamerikas naturräumliches Potenzial

Schülerbuch Seiten 51 bis 52

4.1 Angloamerikas naturräumliches Potenzial

Lösungshinweise

1 Vergleichen Sie die Anordnung der Großlandschaften Angloamerikas mit der in Mitteleuropa (Atlas).

In Angloamerika sind die Großlandschaften ausschließlich meridional, d. h. parallel zu den Längenkreisen, angeordnet. Im Westen das tertiäre Faltengebirge der pazifischen Küstenkette und der Rocky Mountains mit intermontanen Becken und Plateaus, in der Mitte die Plateaulandschaften der Great Plains mit einzelnen nach Westen ansteigenden Schichtstufen, dem diluvialen Gebiet der Großen Seen, dem alluvialen Stromgebiet des Mississippi und dem Aufschüttungsland der Golfküstenebene sowie im Osten das Rumpfgebirge der Appalachen mit einem vorgelagertem Küstenstreifen.

In Mitteleuropa dagegen sind die Großlandschaften breitenkreisparallel angeordnet. Im Norden eine Flachlandzone, daran in der Mitte anschließend eine Mittelgebirgszone und im Süden das Hochgebirge der Alpen. Charakteristisch für Mitteleuropa ist in der Ausprägung seines Reliefs die Kleinräumigkeit. Ein Mosaik aus Hoch- und Mittelgebirgen, Schichtstufen- und Hügelländern, Becken, Flusstälern und Küstentiefländern bildet die Grundlage für einen starken Landschaftswandel innerhalb kürzester Entfernungen. Im Gegensatz zu dieser Raumenge zeichnet sich Angloamerika durch eine große West-Ost-Ausdehnung aus.

2 Beschreiben Sie das Klima der USA in seinen wesentlichen Grundzügen.

Aufgrund der großen Nord-Süd-Erstreckung kommen alle Klimate vom polaren Tundrenklima bis zum Tropenklima vor. Alaska verfügt über ein polares Tundrenklima im Norden sowie ein boreales Waldklima im Süden und Westen.

Der mittleren Breitenlage entsprechend besitzen die USA überwiegend gemäßigtes Klima. Der größte Teil liegt in der kühlgemäßigten Westwindzone, an die sich nach Süden die subtropische Zone anschließt. Der Einfluss der Westwinde erhält durch die meridionale Anordnung der Großformen des Reliefs jedoch eine deutliche Modifizierung. Die Gebirgsseen im Westen bilden einen Regenfänger, sodass nur die nördliche Küstenzone ausreichend Niederschläge empfängt, die Gebiete im Lee (intermontane Becken und Great Plains) jedoch regenarm sind. Daraus ergibt sich, etwas vereinfacht eine Zweiteilung in eine humide Osthälfte und eine aride Westhälfte. Der 100° w. L. bildet die agronomische Trockengrenze zwischen diesen beiden Hälften. Die meridionale Anordnung des Großreliefs ermöglicht einen ungehinderten Austausch tropischer und arktischer Luftmassen, sodass große Temperaturschwankungen für den gesamten Ostteil möglich sind und es zur Ausbildung der gefürchteten Tornados kommen kann. Die Great Plains werden von den ozeanischen Einflüssen aus dem Westen durch die Kordilleren abgeschirmt.

Im Einzelnen kann festgestellt werden, dass die ...
- nördliche Pazifikküste von einem ozeanischen Klima geprägt wird. Es ist kühl, ganzjährig feucht, die Temperaturschwankungen fallen gering aus.
- südliche Pazifikküste vom Mittelmeerklima bestimmt wird, d. h. die Winter sind feucht-gemäßigt, die Sommer dagegen trocken-warm.
- Kordilleren sich durch ein Hochgebirgsklima mit Trockenheit in den intermontanen Becken auszeichnen.
- Inneren Ebenen von Norden nach Süden eine Temperaturzunahme und von Westen nach Osten eine Zunahme der Niederschläge aufweisen. Charakteristisch für den Gesamtraum: sind geringe Niederschläge und große Jahresschwankungen der Temperatur (Kontinentalklima).
- Ostküste aufgrund der Niederschläge vom Atlantik und der Golfküste ganzjährig feucht sind. Typisch sind zudem stark ausgeprägte Temperaturschwankungen.
- südöstlichen Gebiete – südlich 40° n. B. – zur subtropischen Zone gehören. Demzufolge ist das Klima dort mit seinen milden Wintern und warmen Sommern ganzjährig feucht.
- Südspitze Floridas vom wechselfeuchten Tropenklima beeinflusst wird.

3 Formulieren Sie ausgehend von den physisch-geographischen Voraussetzungen Hypothesen zu Nutzungsmöglichkeiten in Angloamerika.

Zur Formulierung der Hypothesen bietet sich als Grundlage eine Gegenüberstellung von Gunst- und Ungunstfaktoren bzw. Gunst- und Ungunsträumen an.

Entscheidende Vorteile sind einerseits die Größe des Raumes und die vielschichtige Naturausstattung, die die Herausbildung unterschiedlicher und sich ergänzender Wirtschaftsräume ermöglichen sowie andererseits die große Nord-Süd-Erstreckung von den kühlgemäßigten Neuenglandstaaten über die durch kontinentale Klimamerkmale geprägten Prärieprovinzen bis zur Südspitze Floridas mit ihrem sommerfeuchten Tropenklima. Somit kann eine Vielzahl von Kulturgewächsen angebaut werden. Gute Böden, eine geringe Reliefenergie, das humide Klima und die günstige Verkehrslage bieten im östlichen zentralen Tiefland hervorragende Voraussetzungen für eine agrare Nutzung. Das riesige Flachland der Inneren Ebenen nimmt ein Drittel der Gesamtfläche der USA ein und stellt somit einen weiteren Gunstfaktor hinsichtlich der Besiedlung und industriellen Verdichtung dar. In den Great Plains (der nach Osten zunehmenden Feuchtigkeit entsprechend kastanienfarbene Böden im westlichen Teil, Schwarzerden im östlichen Teil) befinden sich die besten Ackerbaugebiete (M3). Das ausgeglichene Klima und fruchtbare Böden ermöglichen einen großflächigen Anbau. In niederschlagsärmeren Gebieten ermöglichen Flüsse und das Grundwasser eine intensive Bewässerung.

Ein ausgesprochener Gunstraum ist das Central Valley in Kalifornien. Bewässerung ermöglicht hier einen sehr vielfältigen Anbau landwirtschaftlicher Produkte (Baumwolle, Reis, Rosinen, Orangen, Tomaten, Melonen, etc.).

Vorteilhaft ist ferner die Aufgeschlossenheit der nördlichen und mittleren Atlantikküste (zahlreiche Buchten, Naturhäfen) und der St.-Lorenz-Strom zu nennen, der das Gebiet der Großen Seen („Vierte Küste") im wirtschaftlichen Kernraum des Kontinents mit dem Weltmeer verbindet. Die Westküste ist infolge ihrer geringen Gliederung und der Gebirgsschranke der Küstenketten zwar nicht so gut aufgeschlossen, hat aber den Vorteil der Lage zum pazifischen Raum und damit zu Japan, den aufstrebenden Industrie- bzw. Schwellenländern Südostasiens, einschließlich der VR China. Ein weiterer Gunstfaktor sind die großen Waldgebiete und damit die riesigen Holzbestände in der borealen Region und in den Gebirgen des Westens und Ostens.

Zu den Ungunstfaktoren in Angloamerika gehören Naturkatastrophen die „natural hazards" (Wirbelstürme, Erdbeben, Vulkanausbrüche, Dürren und Überschwemmungen). Die meridionale Reliefgliederung ermöglicht in der Osthälfte des Kontinents einen ungehinderten Austausch feuchter tropischer und polarer kalter Luftmassen. Im Winter führen nicht selten Kaltlufteinbrüche aus dem Norden (northers, blizzards), zu schweren Schäden in den nördlichen USA und in Kanada. Selbst an der Golfküste kann es zu Frösten kommen, die eine Gefahr für die subtropischen Agrarkulturen sind.

Dürren gefährden die Landwirtschaft vor allem im Westen der Great Plains, besonders im Gebiet der jährlich pendelnden agronomischen Trockengrenze, wo die geringe Regenverlässlichkeit den Ackerbau zu einem Risiko macht. Zu den Ungunstfaktoren gehören auch die starken Schwankungen der Wasserführung der meisten Flüsse der Inneren Ebenen, tektonische Beben, die häufig im Südwesten auftreten.

Das Ausnutzen der Gunstfaktoren hat zur Ausprägung von Landwirtschaftsgürteln (Belts; M9; siehe dazu auch Karte im Haack Weltatlas, S. 203) geführt. Das traditionelle Belt-System entstand, weil einheitliche, über große Entfernungen sich kaum ändernde Naturbedingungen (Klima, Relief, Böden), einen großflächigen Anbau von ausgewählten Kulturen in monokulturähnlicher Form ermöglichten und ökonomische Zwänge (die Marktlage, d. h. die geringen Entfernungen und Transportkosten zu den Verbrauchern) von entscheidender Bedeutung waren. Im westlichen Teil (westlich 100° w. L.) verlaufen die Anbaugrenzen nicht parallel zu den Breitenkreisen, was den natürlichen Gegebenheiten geschuldet ist, denn die Niederschlagsgrenzen und Oberflächenformen sind hier meridional angeordnet.

4.2 Farming goes Hightech

Lösungshinweise

4 Vergleichen Sie die heutige räumliche Ordnung der US-amerikanischen Landwirtschaft mit dem traditionellen Belt-system.

In der Karte spiegelt sich nur noch zum Teil das traditionelle Belt-System wider. Aber diese Gebiete sind und waren nie einseitig spezialisiert. Die Karte weist aus, dass – in Abhängigkeit von wechselnden natürlichen Gegebenheiten und Marktbedingungen (z. B. Nähe zu den großen Städten als den Hauptabsatzgebieten landwirtschaftlicher Produkte) – die Anbaupallette nach wie vor ausgesprochen vielfältig ist. In der östlichen Hälfte der USA verlaufen die Grenzen der Gebiete, in denen eine bestimmte landwirtschaftliche Produktion dominiert, nach wie vor in etwa parallel zu den Breitenkreisen. Wandlungen in der Agrarstruktur (z. B. Einführung der Fruchtwechselwirtschaft aus ökologischen Gründen, räumliche Verlagerungen von Anbauschwerpunkten, verbesserte Bewässerungstechniken, Saatzuchterfolge, Reaktionen auf eine sich ändernde Nachfragesituation und Ernährungsgewohnheiten) haben zur Auflösung des traditionellen Belt-Systems geführt. Das heutige räumliche Muster der US-amerikanischen Landwirtschaft kann vereinfachend wie folgt beschrieben werden:

– Gebiet der Großen Seen und Nordosten: Milchwirtschaft (ehemaliger Dairy-Belt);
– Mittlerer Westen: Mais und Soja als Futtermittel (ehemaliger Corn-Belt);
– Süden: gemischte Landwirtschaft mit Baumwolle, Geflügel- und Schweinehaltung, sowie Soja und Erdnüssen (ehemaliger Cotton-Belt);
– Great Plains: Weizen, Baumwolle, Weidewirtschaft, Rindermast, Schweine (ehemaliger Wheat-Belt);
– Südwesten: weiträumig Weidewirtschaft, Mastrinder, Milchkühe;
– Kalifornien: Sonderkulturen, Weidewirtschaft, Rindermast, Milchkühe sowie Geflügelhaltung.

5 Charakterisieren Sie den Strukturwandel in der US-amerikanischen Landwirtschaft.

Der Strukturwandel der US-amerikanischen Landwirtschaft vollzog sich in mehreren Phasen. Stand am Anfang die auf Selbstversorgung ausgerichtete family-size-farm, so fand in der Folge eine Entwicklung über die tractor-size-farm hin zur commercial-farm statt. Zu den Auslösern gehören die zunehmende Technisierung und Spezialisierung der Landwirtschaft sowie Rationalisierungsmaßnahmen. Darüber hinaus

Auflösung des traditionellen Belt-Konzeptes der US-amerikanischen Agrarwirtschaft

Technische Innovationen und Entwicklungen

- Technische Innovationen
- Veränderte Nachfragesituation
- Preisentwicklung auf dem Weltmarkt
- Erosionsgefahr und vermehrter Schädlingsbefall erfordern Fruchtwechselwirtschaft
- Vermeidung einseitiger Nutzung
- Tendenz zur gemischten Landwirtschaft
- Ausweitung der Bewässerungslandwirtschaft
- Bodenberatungsdienst wirkt Monokultur entgegen
- Saatzuchterfolge, damit bessere Anpassung an naturräumliche Bedingungen
- Substitution der Baumwolle durch Chemiefasern

Traditionelles Belt-Konzept

- agrarwirtschaftlich weitgehend einheitlich genutzter, breitenkreisparalleler Raum; im Westen wegen der Niederschlagsverteilung und des Reliefs eher meridional angeordnet
- allerdings keine reine Monokultur
- ähnliche Naturbedingungen in den Teilräumen (klimatisch, orografisch, ökologisch)
- Streben nach optimaler Nutzung und Vermarktung (z. B. Dairy Belt in der Nähe zu aufstrebendem Industrieraum; Verderblichkeit der Waren)
- Spezialisierung aus Konkurrenzgründen
- Gesamtraum: geschlossener Markt mit guten Verkehrsanbindungen

Crops-/Fruit-Belt

- weitestgehend aufgelöst; wegen der Klimagunst Reste in Florida (Zitrusfrüchte, Sonderkulturen, Zuckerrohr)
- Golfküste (Zuckerrohr)
- Kalifornien (Obst u. Gemüse; „Fruchtkorb"; Sonderkulturen)

Cotton-Belt

- nahezu ganz aufgelöst und nach Westen verlagert
- westlich des Mississippi (Bewässerungsmöglichkeit)
- Diversifizierung (Sojabohnen, Erdnuss, Schweinemast, Weidewirtschaft, Geflügel)
- heute eher ein „Chicken-Belt"

Wheat-Belt

- Teile noch in North Dakota, Kansas
- stattdessen im Norden Sommerweizen, Rinder- und Schweinemast; im Süden Winterweizen, z. T. durch Hirse, Futtergetreide ersetzt;
- gemischte Landwirtschaft, Weidewirtschaft

Dairy-Belt

- Norden (rel. geschlossen erhalten geblieben; nur Wisconsin rausgefallen)
- feuchtes Klima für Grünlandwirtschaft
- Manufacturing Belt als großer Absatzmarkt
- Mastviehwirtschaft (Schweine)
- Sojaanbau

Corn-Belt

- noch weitgehend vorhanden, bei vorwiegendem Maisanbau
- in randlichen Zonen (Westen, Osten) auch Weizen und Schweinemast
- Mastrinder; gemischte Landwirtschaft
- Erhebliche Bedeutung von Sojabohnen
- und Mastwirtschaft („Mais-Soja-Mast-Zone")

Entwurf: Bernd Haberlag

trugen die Züchtung gentechnisch veränderter Pflanzen und die Ausweitung der Bewässerungslandwirtschaft zum Wandel bei. Zu den weiteren Kennzeichen gehören Veränderungen in den Betriebsstrukturen. Typische Merkmale der heutigen Landwirtschaft sind horizontal und vertikal verflochtene Großbetriebe (Agrobusiness, industrial farming) mit einem räumlichen Schwerpunkt. Unter ökonomischen Gesichtspunkten überwiegen positive Aspekte des Strukturwandels, demgegenüber überwiegen jedoch unter sozialen und ökologischen Aspekten negative Auswirkungen (z. B. Arbeitsplatzverlust; Sterben der Familienfarmen, hoher Wasser- und Energieverbrauch, Umweltbelastung durch vermehrten Dünger- und Pestizideinsatz).

Als Belege, die den Materialien zu entnehmen sind, können beispielsweise angeführt werden:

– Die abnehmende Bedeutung des prozentualen Anteils der Landwirtschaft (Anteil am BIP nur noch 1,4 % gegenüber 3,5 % im Jahr 1970; Verringerung des Exportanteils von 16 % auf knapp 11 %, Verringerung des Beschäftigtenanteils von 4,3 % auf 1,6 %, Halbierung der Ackerfläche/Kopf, Verringerung der Farmlandfläche sowie der Anzahl der Farmen) bei gleichzeitiger Steigerung der Wertschöpfung (Verdoppelung), den Ertragsteigerungen (Getreide von 32 dt/ha auf 73 dt/ha) sowie dem erhöhtem Düngemittelverbrauch und der Zunahme der Bewässerungsflächen (M7, M8).

– Bei einem Farmanteil von 2,7 % erreichten die Nichtfamilienfarmen 2011 einen Anteil von 14,7 % am Produktionswert von 374 Mrd. US-$. Der Flächenanteil lag bei 37 Mio. ha. Große Familienfarmen hatten einen Anteil von 2 % an den Farmen, erzielten einen Anteil von 35 % am Produktionswert bei einem Flächenanteil von 16,2 %. (M12)

– Zunahme der „Agrarfabriken"; Farmen mit mehr als 2 000 acres haben seit 1997 von rund 75 000 auf rund 83 000 (2012) zugenommen; Abnahme der Farmen mit einer Fläche von 50–1 999 acres bei leichter Zunahme der Farmen zwischen 1 und 99 acres, wobei Farmen zwischen 10 und 49 acres seit 2007 wieder eine Abnahme zu erkennen ist (M13).

– Arbeitsplätze im ländlichen Raum haben insbesondere im zentralen Teil der USA zugenommen (M11).

6 Beschreiben Sie den Weg von der Rindermast zur Rinderschlachtung innerhalb des Produktionsverbunds von JBS Five Rivers.

Die Entwöhnung von den Muttertieren findet in „warmup feedlots" statt. Auf Auktionen werden die Kälber angekauft. Anschließend erfolgt die Mästung in entsprechenden Mastbuchten. Da feedlots über keine Weide- und Futterflächen verfügen, muss das Futter zugekauft werden. Nach drei Monaten haben die Tiere ihr Schlachtgewicht erreicht. Es erfolgt der Transport zu den Schlachtbetrieben (packers). In angeschlossenen Zerlegungsbetrieben findet die Zerlegung und Portionierung statt. Die Haut wird in der Lederwarenindustrie verarbeitet, Abfälle kommen in die Tiermehlfabrik.

7 Erörtern Sie mögliche Ursachen und Auswirkungen der Industrialisierung der US-amerikanischen Landwirtschaft am Beispiel der Rindererzeugung.

Zu den Ursachen gehören z. B:

– Übergang von der überwiegenden Selbstversorgung (family farm) zur Markt- und Exportorientierung;

– Intensivierung bei gleichzeitiger Konzentration;

– Überschüsse aus dem Ackerbau lieferten Futter für die Massentierhaltung. Konnte früher ein Farmer nur so viele Tiere halten, wie er von seinem Land ernähren konnte, können beispielsweise Rinder jetzt in den riesigen Feedlots mit Kraftfutter schneller und kostengünstiger gemästet werden.

Zu den Auswirkungen gehören z. B.:

– Zeitgewinn (Früher standen Kälber zwei Jahre auf der Weide, heute sind sie in drei Monaten schlachtreif.)

– Infolge deutlicher Ertragssteigerungen haben sich die USA zum wichtigsten Agrarlieferanten entwickelt.

– Die Entscheidungsfreiheit des einzelnen Farmers ist eingeschränkt, da überbetriebliche Unternehmensformen den Ablauf der Produktion und Vermarktung bestimmen.

– Großkonzerne, die z. T. nicht aus dem Agrarbereich kommen, organisieren und finanzieren die horizontale und vertikale Verflechtung der Betriebe.

– Produzenten sind vertraglich gebunden.

– Ökologische Auswirkungen (siehe Aufgabe 8).

8 Diskutieren Sie Vor- und Nachteile der Massentierhaltung aus ökonomischer und ökologischer Sicht.

Vorteile aus ökonomischer Sicht sind z. B.:

billiges Fleisch aufgrund niedriger und stabiler Preise (Quantität/Massenproduktion); Ernährung der Bevölkerung wird sichergestellt; kontrollierte Qualität; gleichbleibende Qualität; überwachte, kontrollierte Tier- und Fleischproduktion; Einsparung von Raum.

Nachteile aus ökologischer Sicht sind z. B.:

kleine Fehler (Qualitätsmängel, Verunreinigungen etc.) können weite Kreise der Bevölkerung betreffen; Qualitätskriterien sagen nichts über das Qualitätsniveau aus, d. h. eine gleichbleibende Qualität kann auch eine gleichbleibend schlechte Qualität sein; Einsatz von Wachstumsmittel; Tierseuchen können sich schnell verbreiten; erhöhter Einsatz von Medikamenten; nicht tiergerechte/artgerechte Haltung; Methanrülpser tragen zum Klimawandel bei (Starke Konzentration der Feedlots in Kansas, Nebraska und Texas; M17).

Im Fazit kann einbezogen werden:

Wird eher ökonomisch argumentiert, und zwar sowohl aus Produzenten und Verbrauchersicht, wird die Massentierhaltung weniger negativ beurteilt. Einerseits sollte Fleisch als Grundnahrungsmittel preisgünstig und in ausreichenden Mengen der Bevölkerung zur Verfügung stehen. Massentierhaltung dürfte eher von preisorientierten Verbrauchern als vorteilhaft angesehen werden.

Spielen eher philosophisch bzw. ethisch-moralisch Gründe eine Rolle, so dürften Verbraucher, die auf ein hohes Qualitätsniveau setzen, ihre Nachfrage eher aus anderen Quellen bedienen.

4.3 Ärger mit der Umwelt

Lösungshinweise

9 Beschreiben Sie die naturräumlichen Voraussetzungen für die landwirtschaftliche Nutzung in Kalifornien (Atlas).
Zu den Gunstfaktoren der landwirtschaftlichen Nutzung gehören das warme und frostfreie Klima (Mittelmeerklima) sowie die fruchtbaren Böden des kalifornischen Längstales. Als Ungunstfaktor erweist sich die nicht ausreichende Verfügbarkeit von Wasser. Von daher beschränkt sich der Anbau auf das kalifornische Längstal (Leeseite der Küstengebirge und Windschatten der Sierra Nevada). Die Niederschläge variieren in Kalifornien erheblich. Sehr geringe Jahresniederschlagsmengen von unter 250 mm erhalten die im Windschatten gelegenen Hänge der Küstenkette und der Sierra Nevada sowie der südliche Teil des Längstales. Niederschläge von 250–1 000 mm gibt es im Küstenbereich, im nördlichen Teil des Längstales sowie an den unteren Westhängen der Sierra Nevada. Hohe Niederschläge mit mehr als 1 000 mm beschränken sich dagegen auf die Hochgebirge. Um die Landwirtschaft im Süden mit Wasser versorgen zu können, werden die im Winter anfallenden Wassermassen aus den Gebirgen in vielen Stauseen gespeichert und über lange Kanäle, z. B. dem Delta-Mendota- oder über den Friant-Kern-Kanal, dem kalifornischen Bewässerungsland zugeführt.
Für die Landwirtschaft ungeeignet sind die Gebirge und Wüsten. Die Hochgebirgsregionen sind unbewaldet. In den Luvlagen der Gebirge dominiert Laub- und Mischwald; in den Leelagen dagegen trockenes Nadelgehölz. Im ariden Süden folgen auf sommertrockenen Buschwald, Steppe und dann die Wüste.

10 Erläutern Sie die besondere Bedeutung der kalifornischen Landwirtschaft.
Kaliforniens Landwirtschaft rangiert mit ihrer Produktivität weit vor allen anderen Bundesstaaten der USA. Der Anteil der Obstplantagen liegt bei 62 %, der Wert der Agrarproduktion bei 11 %. Der durchschnittliche Marktwert der Farm ist doppelt so hoch wie der der USA. Der durchschnittliche Farmererlös je Farm erreicht in Kalifornien das 3-Fache des Wertes der USA. (M21) Die in M25 aufgeführten Produkte unterstreichen die besondere Bedeutung; bis auf Rinder und Kälber (Rang 7) sowie Heu (Rang 3) nimmt Kalifornien innerhalb der USA den Rang 1 ein. An erster Stelle rangiert die Milchproduktion (Marktwert 7,6 Mrd. US-$). Die hohen Werte der übrigen Agrarprodukte können aufgrund der naturgeographischen Bedingungen und der intensiven Bewässerung erzielt werden (siehe dazu auch Aufgabe 9).

11 Nehmen Sie auf der Basis der Prognosen in Material 23 Stellung zur Zukunft der Landwirtschaft Kaliforniens.
Das Worst-Case-Szenario geht von einer unterschiedlichen Ertragsminderung im prognostizierten Zeitraum aus (Tomaten ab 2060; Reis ab 2050; Weizen und Baumwolle ab 2015 und Sonnenblumen ab 2020). Dabei fällt die Ertragsminderung bei Baumwolle und Sonnenblumen (2100: jeweils – 25 %) am drastischsten aus. Bei einer merklichen Einschränkung der Erderwärmung muss lediglich bei der Tomaten- und Reisproduktion mit keiner bzw. nur einer geringen Ertragsminderung gerechnet werden. Bei den übrigen Agrarprodukten wird von einer maximalen Ertragsminderung von rund 10 % ausgegangen.
Die Prognosen unterstreichen die Probleme vor denen der „Fruchtgarten der USA" bereits zum gegenwärtigen Zeitpunkt steht. Die immer häufiger auftretenden Dürren, wärmere Winter und die Folgen der intensiven Bewässerungslandwirtschaft wirken sich bereits jetzt nachteilig auf die Ernten aus (M20). Auch der Anteil Kaliforniens am blauen und grünen Wasserfußabdruck (M24) spricht eine deutliche Sprache.
Das Beispiel Kalifornien zeigt nachdrücklich, dass eine weitere „Revolution auf dem Acker" erfolgen muss. (siehe dazu Aufgabe 14)

12 Nennen Sie mögliche Ursachen der Dürre in den USA.
Dürreperioden sind in den USA nicht Neues, sie hat es im Mittleren Westen und in Kalifornien schon immer gegeben. Die Zunahme und räumliche Verbreitung von Dürren (M30) ist auf verschiedene Ursachen zurückzuführen. Zu den wichtigsten meteorologischen Ursachen gehören verringerte Niederschläge, eine erhöhte Verdunstung durch höhere Temperaturen sowie eine veränderte Dynamik der Atmosphäre. Aber auch Landnutzungsänderungen spielen eine Rolle (Great Plains in den 1920er-Jahren), da beispielsweise die Wasseraufnahme durch die Pflanzendecke verringert wird. In den Gebirgen der mittleren Breiten bilden die winterlichen Schneemassen eine Wasserreserve im Frühjahr und Sommer, wenn der Schnee schmilzt. Eine zunehmende Erwärmung verursacht eine Verkürzung der Schneesaison. Da der Schnee früher schmilzt und das Schmelzwasser früher im Jahr ab fließt, steht im Frühjahr und Sommer dann weniger Bodenfeuchtigkeit zur Verfügung, was zur Trockenheit führt (Kalifornien).
Aktuellen Studien zu Folge werden Hitzewellen, extrem heiße Sommer und somit Dürreperioden als Folge der globalen Klimaerwärmung immer wahrscheinlicher.
Die dem natürlichen Potenzial nicht angepassten Anbautechniken (intensive Landwirtschaft in einem dafür nicht geeigneten Raum; auf verfügbaren Flächen innerhalb kürzester Zeit hohe Gewinne erwirtschaften), vor allem die Getreidemonokulturen auf den riesigen Flächen nahe der agronomischen Trockengrenze, haben in der Vergangenheit insbesondere zum Verlust des fruchtbaren Oberbodens durch Wind- und Wassererosion geführt. So gilt als Ursache für den Dust Bowl („Great Dust Storm Desaster") die Umwandlung der Prärielandschaft in Weizen-Monokulturen.

Wegen mehrerer außergewöhnlich niederschlagsreicher Jahre unterschätzten die Farmer die natürliche Trockenheit des Raumes. Der Boden begann wegen des ständigen Weizenanbaus zu erodieren und trocknete infolge des ariden Klimas zudem noch aus.

13 Erläutern Sie, inwieweit die Übernutzung Dürrefolgen verschärft.

Die Bewässerungsflächen konzentrieren sich auf den Westen der USA, d. h. die Staaten westlich der Trockengrenze, die mit 98° w. L. gleichzusetzen ist (M33). Westlich dieser Grenze reichen die nicht mehr für einen gesicherten Ackerbau aus. Entsprechend hoch ist der Anteil der bewässerten Ackerfläche an der gesamten bewirtschafteten Ackerfläche. In Nevada (>90 %), Kalifornien (80 %), Arizona und Utah liegt der Anteil über 50 %. Im Osten muss aufgrund der ausreichenden Niederschläge kaum bewässert werden. Eine Ausnahme bildet Florida. Die mit Abstand größten Bewässerungsflächen (M35) finden sich in Nebraska (ca. 8,3 Mio. acres), Kalifornien (ca. 7,9 Mio. acres), und Texas (ca. 4,5 Mio. acres). Die starke Grundwasserentnahme für den landwirtschaftlichen Anbau führt v. a. im kalifornischen Längstal sowie im Süden Arizonas und in den Staaten des Mittleren Westens (vor allem in den Great Plains) zur Grundwasserabsenkung (M32 u. M33). Folgeschäden der Grundwasserabsenkung sind an Gebäuden, Straßen und Wasserleitungen zu erkennen.

Das Vordringen des Ackerbaus in semiaride Gebiete, verbunden mit der Anlage von Monokulturen und die Anbaumethode des Dry Farming führten dazu, dass der trockene, brachliegende Boden der Natur schutzlos ausgeliefert ist. Starker Wind trägt den fruchtbaren Oberboden weg und Starkregen zerschneidet die Landschaft in sogenannte Erosion Gullies (M29).

14 Erörtern Sie Möglichkeiten und Risiken der Anpassung an Dürren.

Maßnahmen die bereits ergriffen worden sind:
- Gewinnung von Wasser durch Meerwasserentsalzungsanlagen (Kalifornien);
- „Abernten" von Wolken (von Flugzeugen werden Wolken mit Silberjodid besprüht) zur Beschleunigung der Kondensation;
- Entwicklung von dürreresistenten Pflanzensorten (gentechnische Veränderung);
- Verwendung von bodenverbessernden Pflanzen statt des Einfügens einer Brache;
- Anlage von Windschutzhecken (windbreaks) und Abflussrinnen zur Ableitung des Wassers;
- Kalkung zur Verbesserung der Infiltration und Verschlämmung;
- Stoppeln stehen lassen (stubble mulching), um Schutz gegen den oberflächlichen Abfluss zu gewähren;
- Übergang zur Fruchtwechselwirtschaft (crop rotation);
- Streifenanbau (stripfarming) und hangparalleles Konturpflügen (contour ploughing);
- Minimale Bodenbearbeitung (minimum tillage), dabei Verzicht auf den Pflug.

Alle bisher ergriffenen Schutzmaßnahmen setzen lediglich bei den Symptomen an, d. h. die eigentlichen Ursachen werden dabei gar nicht bzw. nur teilweise berücksichtigt. Zudem erschweren zunehmende Wetterschwankungen ein adäquates Regieren der veränderten Pflanzen. Darüber sind unerwünschte Nebeneffekte beim verstärkten Einsatz gentechnisch veränderter Pflanzen möglich.

Erfolgversprechend dürfte von daher am ehesten sein:
- ein möglichst geringer Maschineneinsatz, damit es den Mikroorganismen ermöglicht wird, ein funktionierendes Abwehrsystem aufzubauen;
- den Wassereinsatz deutlich zu verringern, da ein Großteil des Wassers in den ersten Minuten ohnehin nur verdampft und von daher wirkungslos ist;
- Verzicht auf einen monokulturellen Anbau zugunsten des Anbaus von mehreren – in Kalifornien – Gemüsesorten nebeneinander;
- Aufzucht junger Pflanzen in Gewächshäusern sorgt für eine höhere Widerstandkraft.

15 Diskutieren Sie die Zusammenhänge zwischen Dürrekatastrophen in den USA und der Einkommensentwicklung der dortigen Farmer sowie der Preisentwicklung bei Getreide.

Einerseits ist es sicherlich verständlich, dass Landwirte finanziell gegenüber den Folgen der Dürre abgesichert sind, andererseits führt das Profitieren von Preisanstiegen nach Dürreperioden (M34) sowie den Ausgleichszahlungen im Rahmen des Ernteversicherungs-Programm nicht dazu, dass die Ursachen der Dürre wirkungsvoll bekämpft werden. Kritisch kann in diesem Zusammenhang auch das Anraten von Anlageberatern gesehen werden, aus Dürrekatastrophen Kapital zu schlagen (M38). Es besteht somit kein bzw. nur ein geringer Anreiz, Maßnahmen gegen die Dürre zu ergreifen (siehe dazu Aufgabe 14). Stattdessen werden bisher mehr Düngemittel eingesetzt und modernere Bewässerungsanlagen gekauft.

4 / **4** Industrialisierung der Landwirtschaft und ihre Auswirkungen auf den Weltagrarmarkt – Die Rolle der USA im Agropoly

Schülerbuch Seiten 64 bis 67

4.4 Die Rolle der USA im Agropoly

Lösungshinweise

16 Charakterisieren Sie die Situation auf dem Weltagrarmarkt.

M39 weist sowohl beim Exportanteil als auch beim Importanteil die USA als führend aus. Fasst man allerdings die der EU angehörenden Staaten zusammen, so stehen sie an der Spitze. Damit ist die Europäische Union der wichtigste Exporteur und Importeur auf dem Weltagrarmarkt. Was die Nahrungsmittelproduktion anbetrifft, so hat Asien vor Amerika die Führungsrolle übernommen (M42).

Mit Blick auf die USA ist festzustellen, dass die Handelsbilanz beim Agrarhandel seit 1970 positiv ausfällt, wobei 2015 ein positiver Saldo von rund 25 Mrd. US-$ erzielt worden ist. Spekulationen mit Agrarrohstoffen führen insbesondere in den letzten Jahren zu immer heftigeren Preisschwankungen (M40).

17 Beurteilen Sie, ob und inwiefern die USA den Weltagrarmarkt beherrschen.

Anhand der vorliegenden Daten ist erkennbar, dass die USA auf dem Weltagrarmarkt eine führende Position einnehmen. Diese Führungsposition wird beispielsweise anhand der Rangplätze bei Agrarprodukten deutlich (M43). Seit 1990 können die USA bei den meisten der angeführten Produkte den ersten Rang behaupten. Lediglich bei Reis, Gerste und Roggen sind die USA nicht unter den ersten zehn Rängen gelistet. Die bedeutende Rolle der USA auf dem Weltmarktagrarmarkt spiegelt sich auch darin wider, dass sich die bedeutendsten Agrarbörsen in den USA befinden. Die Entwicklung der US-amerikanischen Exporte (M47) zeigt eine Verdopplung des Wertes innerhalb der letzten zehn Jahre (gegenüber 1994 hat sich der Wert verdreifacht). Obwohl sich der Anteil der exportierten Lebensmittel seit 1994 nur um einen Prozentpunkt erhöht hat und damit der Anteil der Lebensmittelexporte mit nur 9 % gering ausfällt, hat sich der Wert der exportierten Lebensmittel von rund 42 Mrd. US-$ auf rund 144 Mrd. US-$ erhöht und damit mehr als verdreifacht. Die Agrarexporte der USA haben sich von 2000 bis 2011 von 50 Mrd. US-$ auf knapp 140 Mrd. US-$ erhöht. Im weltweiten Getreidehandel (M46) steht Nordamerika als Exporteur an erster Stelle (rund 100 Mio. t).

18 18 Erläutern Sie den Begriff „Agropoly".

Mit dem Begriff „Agropoly" (griech. agrós = „Acker, Feld"; Bedeutung: „Die Landwirtschaft bzw. den Boden betreffend"; griech. polys = viele; Bedeutung: viel, mehrere) soll zum Ausdruck gebracht werden, dass wenige Konzerne die weltweite Lebensmittelproduktion beherrschen. Dabei kaufen Konzerne kleinere Firmen auf und steigern auf diese Weise ihre Marktanteile und ihren Einfluss. Letztlich können sie damit Preise, Geschäftsbedingungen und zunehmend auch politische Rahmenbedingungen diktieren.

19 Charakterisieren Sie Cargill als Gobal Player.

Der Konzern Cargill weist neben seiner Größe, Kapitalkraft und Internationalität weitere typische Merkmale eines Global Player auf, z. B.:
- Er ist mit seinen Standorten (66 Länder) und Tochterunternehmen auf allen internationalen Märkten vertreten.
- Die strategische Planung und Koordination der Geschäftätigkeiten erfolgt weitgehend zentral vom Mutterland USA aus.
- Cargill steuert Forschung und Entwicklung, Beschaffung, Produktion und Marketing weitgehend zentral.
- Der Konzern verlagert die Wertschöpfung im Produktionsbereich vielfach in Länder mit niedrigem Lohnniveau oder in Länder mit hohem Absatzmarkt.

20 Erläutern Sie das ABCD des Welthandels (Quellentext 52).

Der globale Agrarrohstoffhandel wird zwar noch von den vier internationalen Großkonzernen ADM, Bunge, Cargill und Dreyfus dominiert. Wie kein anderer beeinflussten sie die Weltmärkte. Allerdings haben sie inzwischen Konkurrenz bekommen, insbesondere durch asiatische Länder, die ihre eigenen Handelsstrukturen schaffen. Der Einfluss der ABCD-Gruppe wird von den Regierungen der Schwellenländer durch Investitionshindernisse und staatliche Eingriffe in die Marktstrukturen behindert. Chinesische Gesellschaften investieren beispielsweise auch massiv in die südamerikanische Landwirtschaft, vor allem um den eigenen Sojabedarf zu sichern.

21 Beurteilen Sie, inwiefern die Selbsteinschätzung Cargills „We are making progress and are committed to playing a leading role in this changing landscape" zutreffend ist (Text 53).

Der Selbsteinschätzung Cargills ist insofern zuzustimmen, da Cargill …
- aufgrund seiner Kapitalkraft und Erfahrung auch risikoreiche, aber notwendige Investitionen vornehmen kann.
- Arbeitsplätze in Ländern mit hoher Arbeitslosigkeit schafft.
- Devisen bringt, die das jeweilige Land für Investitionen z. B. im Bildungs- und Gesundheitsbereich benötigt,
- die wirtschaftliche Entwicklung durch die Einbindung einheimischer Unternehmen (Vorlieferer, Abnehmer) fördert.
- die Zahlungsbilanz der Länder verbessert, da Exportprodukte hergestellt bzw. Importprodukte substituiert werden.
- für die Produktion von Nahrungsmitteln sorgt.
- das vorhandene Know-how nachhaltig einsetzt.

Gleichwohl bedeutet das „Selbstbild" nicht, dass alle Versprechungen auch umgesetzt werden. Nicht erwähnt wird allerdings, dass beispielsweise …

4
5

Industrialisierung der Landwirtschaft und ihre Auswirkungen auf den Weltagrarmarkt – Kanada – agrarer Global Player?

Schülerbuch Seiten 64 bis 67

– die wirtschaftliche Macht des Konzerns nur schwer kontrolliert werden kann („Staat im Staat").
– die eigenen Interessen im Vordergrund stehen.
– mithilfe der Vielzahl der Tochtergesellschaften Gewinne manipuliert werden können, um so die Steuerlasten zu reduzieren.

– vornehmlich Güter für den Weltmarkt produziert werden und Cargill nicht primär an der Befriedigung von Grundbedürfnissen interessiert ist.

4.5 Kanada – agrarer Global Player?

Lösungshinweise

22 Charakterisieren Sie die Anbaubedingungen in den kanadischen Provinzen (Atlas).
Atlantikprovinzen (Neufundland, Neuschottland, Neubraunschweig): ungünstige Verhältnisse aufgrund des rauen Klimas und ungünstiger Böden; Milchwirtschaft, Eier- und Geflügelproduktion.
Regionen Südquebec und Südontario: fruchtbare Böden und relativ günstige klimatische Bedingungen (Milchwirtschaft, Schweinezucht, Mais, Kartoffeln, Sojabohnen, Zuckerrüben).
Prärieprovinzen im Mittleren Westen (80 % der landwirtschaftlichen Nutzfläche Kanadas; Weizenanbau dominiert): aufgrund der günstigen natürlichen Bedingungen, d. h. großer ebener Flächen für eine maschinelle Feldbestellung, fruchtbarer Böden, und des relativ günstigen Klimas die bedeutendste Agrarregion. Allerdings besteht die Gefahr von Dürren.

23 Stellen Sie die Entwicklung der kanadischen Landwirtschaft dar.
Den Materialien sind folgende wesentlichen Strukturmerkmale und Entwicklungstendenzen zu entnehmen:
– Die durchschnittliche Farmgröße ist in den vergangenen Jahren deutlich gestiegen.
– Familienbetriebe spielen in Kanada nach wie vor eine große Rolle (mehr als 50 % sind Familienbetriebe).
– Entsprechend der unterschiedlichen naturräumlichen Gegebenheiten ist die Produktpalette recht groß.
– Zunehmende Mechanisierung der Produktion und damit einhergehend Veränderungen der Betriebsstrukturen (Zunahme der Kapitalintensität der Betriebe ebenso wie der Abhängigkeit von Energie).
– Es herrscht ein Mangel an Nachwuchs (Anteil der Junglandwirte liegt unter 9 %).
– Von 1976 bis 2011: Das Getreideland hat sich auf das 1,2-fache, ausgesätes Weideland auf das 1,4-fache vergrößert, während sich das Brachland von 10 auf 2 Mio. ha verringert hat.
– Weniger rentable Flächen wurden aus der Produktion genommen und aufgeforstet (regional unterschiedlich) bei gleichzeitiger Erschließung neuer Agrarflächen (Anbau von Sonderkulturen auf Bewässerungsbasis).

– Das Produktionsprofil der Farmen zeigt eine Hinwendung (von 2001 bis 2011) zum verstärkten Anbau von Ölsaaten (2,6-fache), Mais sowie Obst und Gemüse (jeweils 1,1-fache). Demgegenüber haben sich beispielsweise die Farmen mit Rinder- bzw. Schweinehaltung nahezu halbiert.
– Die Weizenproduktion nimmt seit 2010 wieder deutlich zu.
– Verwendung gentechnisch veränderter Sorten.

24 Entwickeln Sie ein Szenario für die Zukunft der kanadischen Landwirtschaft.
Zur Auseinandersetzung mit dieser Aufgabe sind aktuelle Daten beispielsweise zum Ex- und Import heranzuziehen. Kanada ist einer der größten Lieferanten von Agrarprodukten, im Weltagrarhandel nimmt das Land den siebten Rang ein. Was die Exporte anbetrifft, so haben sich diese von 2014 (46 Mrd. CDN$) bis 2015 auf 55,5 Mrd. CDN$ erhöht. Die Importe haben sich im gleichen Zeitraum ebenfalls erhöht, und zwar von 39,5 Mrd. CDN$ auf 43,5 Mrd. CDN$. Damit ist das Handelsvolumen von 85,5 Mrd. CDN$ auf 99 Mrd. CDN$ angewachsen. Der Saldo hat von 6,5 Mrd. CDN$ auf 12 Mrd. CDN$ und sich damit innerhalb eines Jahres fast verdoppelt. Diese positive Entwicklung spricht dafür, dass Kanada seine Position auf dem Weltagrarmarkt zumindest halten kann. Vorteilhaft ist ebenfalls der bevorzugte Anbau von Ölsaaten, die auf dem Weltmarkt gefragt sind. In Kanada selbst muss das Nachwuchsproblem gelöst werden. Im Gegensatz zu vielen anderen Ländern müssen sich kanadische Farmer außerdem größtenteils ohne Subventionen der Regierung auf dem internationalen Markt behaupten. Lediglich Produkte, die für den heimischen Markt bestimmt sind, werden durch Importzölle geschützt.

4.6 Landwirtschaft aus dem Labor

Lösungshinweise

25 Beschreiben Sie die Entwicklung der Gentechnik in den USA.

Die USA stehen zwar im internationalen Vergleich bei der Anbaufläche gentechnisch veränderter Pflanzen hinter Brasilien nur an zweiter Stelle, im Land selbst sind bei den wichtigsten Nutzpflanzen (u. a. Mais, Soja, Baumwolle) mehr als 90 % gentechnisch verändert. Analysen zu Folge sollen Biotech-Pflanzen zur Ernährungssicherheit, Nachhaltigkeit und zum Umweltschutz (Verringerung der CO_2-Emissionen, Verringerung des Pestizideinsatzes) beigetragen haben. Trotz der US-Sicherheitsgarantien für gentechnisch veränderte Produkte (M63) werden inzwischen aber auch Zweifel laut, ob die Zukunft der Landwirtschaft wirklich in der „grünen Gentechnik" zu sehen ist und die bisherigen Erfolge wirklich als Erfolge zu bezeichnen sind.

26 Stellen Sie die Verwendung gentechnisch veränderter Pflanzen aus verschiedenen Perspektiven dar.

Die „grüne Gentechnik", d. h. die Anwendung der Gentechnik auf die Pflanzenzüchtung beruht auf der 1973 erstmals gelungenen Herstellung künstlicher DNA ("rekombinante" oder rDNA). Dabei wird in einen geeigneten Überträger, der als „Vektor" bezeichnet wird, ein DNA-Abschnitt (z. B. ein Gen aus einer anderen Art) eingebaut; diese rDNA wird von dem Vektor in eine Pflanzenzelle übertragen.

Befürworter des Einsatzes gentechnisch veränderter Pflanzen:
- erhebliche Steigerungen der Erträge,
- Anpassung der wichtigsten Kulturpflanzen an die Bedingungen der Landwirtschaft (Trockenheitsresistenz, effizienterer Umgang mit Stickstoff),
- Beitrag zum Umweltschutz und zur Nachhaltigkeit (Verringerung des Pestizid- und Herbizideinsatzes, Verringerung der CO_2-Emissionen)
- Kritiker der „grünen Gentechnik":

- Die Auswirkungen der bio- und gentechnologischen Revolution sind aufgrund der zu geringen Erfahrungen noch gar nicht absehbar.
- Ob sich die Versprechungen einstellen, ist ungewiss, da beispielsweise Erträge nicht nur von einem Gen abhängen, sondern von verschiedenen Faktoren.
- Auswirkungen sind nicht klar, so besteht beispielsweise die Gefahr, dass ungewollte Effekte bei der Übertragung fremder Gene etwa Allergien verursachen.
- Es besteht die Gefahr, dass der Einsatz herbizidresistenter Nutzpflanzen dazu führt, dass der Herbizideinsatz mittelfristig steigt.
- Genmanipulierte Pflanzen können nicht mehr „zurückgeholt" werden; im Gegenteil können sich die veränderten Gene über den normalen genetischen Austausch auch in nicht transgene Sorten derselben Art ausbreiten.
- Horrende Ausgaben der Industrie, um die Kennzeichnung gentechnisch veränderter Produkte zu verhindern, machen eher misstrauisch (M70).

27 Nehmen Sie Stellung zum Nutzen der behördlichen Sicherheitsgarantien in den USA (Material 63).

Dadurch, dass drei verschiedene Regierungsbehörden (Landwirtschaftsministerium, Zulassungsbehörde, Umweltschutzbehörde) an den sogenannten Sicherheitsgarantien bzw. Regeln beteiligt sind, wird nach außen hin der Eindruck erweckt, dass es wirklich um Sicherheit geht. Die Bestimmungen sind sicherlich sinnvoll, allerdings dürften sich bei der Umsetzung Probleme ergeben. Wie soll beispielsweise sichergestellt werden, dass gentechnisch veränderte Produkte die Umwelt nicht schädigen? Anhand welcher Kriterien soll der Nutzen gentechnisch veränderter Pflanzen bewertet werden?

4/7

Industrialisierung der Landwirtschaft und ihre Auswirkungen auf den Weltagrarmarkt – Ökologischer Landbau – agrares Nischendasein?

Schülerbuch Seiten 72 bis 73

4.7 Ökologischer Landbau – agrares Nischendasein?

Lösungshinweise

28 Vergleichen Sie nach einer Internetrecherche die Bedeutung der ökologischen Landwirtschaft Nordamerikas mit der in Deutschland.

Der Vergleich könnte u. a. anhand der nachstehend aufgeführten Kriterien durchgeführt werden:

Kriterien	USA		Deutschland	
	2000	2014	2000	2014
Anbaufläche (in ha)	1 Mio.	3,1 Mio.	0,5 Mio.	1,1 Mio.
Anzahl der Betriebe	11 000	18 500	12 740	24 000
Anteil Öko- fläche an LNF (in %)	0,17	0,6	3,2	6,3
Umsatz mit Bio- Lebensmitteln (Euro)	8,4 Mrd.	24,3 Mrd.	2,1 Mrd.	7,9 Mrd.

Die ökologisch bewirtschaftete Fläche ist zwar in den USA größer, dafür sind aber der Anteil an der gesamten LNF und die Anzahl der Betriebe deutlich geringer.
(Als Internetadresse bieten sich u. a. an: http://www.um-weltbundesamt.de/daten/land-forstwirtschaft/landwirtschaft /oekologischer-landbau; http://www.boelw.de/uploads/media/BOELW_ZDF_2015_web.pdf)

29 Erklären Sie den Unterschied zwischen „organic" und „natural".

Unter der Bezeichnung „organic" („organisch") wird in den USA in etwa das verstanden, was in Deutschland als „biologisch" bezeichnet wird. Allerdings unterscheiden sich die Bestimmungen bei der Verwendung von Antibiotika. Auch die Überprüfung der Standards wird in den USA nicht immer mit der gleichen Gründlichkeit vorgenommen, da die Zertifizierer, von denen eine gewisse Abhängigkeit gegeben ist, nicht überprüft werden. Die Bezeichnung „natural" („natürlich") erlaubt beispielsweise den Einsatz von Antibiotika und Pestiziden. Auch auf das Wohlbefinden der Tiere muss nicht unbedingt Rücksicht genommen werden. Damit ist die Bezeichnung „natural" eher irreführend.
Obwohl Bio-Lebensmittel definitionsgemäß eigentlich „natürlich" sind, können als „natural" bezeichnete Nahrungsmittel bearbeitet werden. Sie sind beispielsweise frei von synthetischen Konservierungsmitteln, künstlichen Süßstoffen, Farben, Geschmäcken und anderen künstlichen Zusätzen.

30 Beurteilen Sie, ob Zertifikate eine ausreichende Garantie für Bioprodukte bieten.

Zertifikate sind keine ausreichende Garantie für Bioprodukte. Darüber hinaus werden sogenannte Bioprodukte in den USA unter zwei Labeln verkauft, wobei die Bezeichnung „natural" nur bedingt die Bezeichnung verdient. Da auch die Kontrolle, trotz der von der Regierung erarbeiteten Sicherheitsgarantien, nicht gewährleistet ist, kann der Verbraucher nicht sicher sein. Zudem ist der Einfluss der Industrie, die eine Kennzeichnungspflicht gentechnisch veränderter Pflanzen verhindern will, groß. Einerseits sind einheitliche Vorschriften wichtig, andererseits muss aber auch für die Einhaltung der Vorschriften – durch unabhängige Gremien – gesorgt werden.

31 Nehmen Sie zur Überschrift dieser Doppelseite Stellung.

Die mit der Überschrift aufgeworfene Frage kann nicht mit einem einfachen „Ja" oder „Nein" beantwortet werden. Einerseits ist die Entwicklung des ökologischen Landbaus positiv ist. Weltweit betrachtet, waren die USA 2014 der weltweit größte Bio-Markt. Der Pro-Kopf-Verbrauch lag 2013 in den USA bei rund 77 € (Kanada rund 63 €) bleibt jedoch deutlich unter dem Wert Deutschlands (rund 94 €). Der Marktanteil der Bioprodukte am gesamten Lebensmittelmarkt beträgt in den USA 4 % und entspricht dem in Deutschland. Charakteristisch für die Märkte USA und Kanada ist der sehr hohe Marktanteil von Obst und Gemüse (M74). In den USA sind es vor allem die wohlhabenderen Bevölkerungsschichten, die sich für den Kauf biologischer Nahrungsmittel entscheiden. Da das Angebot auf dem heimischen Markt bisher nicht ausreicht, sind auch die USA auf Importe angewiesen. Andererseits ist der ökologische Landbau – insbesondere, wenn man die Erkenntnisse der vorherigen Doppelseite zur Bedeutung der Gentechnik in der US-amerikanischen Landwirtschaft hinzuzieht – bisher noch von untergeordneter Bedeutung, hat aber die Nische bereits verlassen.

Didaktische Struktur:
Global Leader – zwischen Anspruch und Wirklichkeit

Einstieg, Zielorientierung, Motivierung

Auftaktseite: Global Leader – zwischen Anspruch und Wirklichkeit (S. 74)
- Einbringen bisheriger Erkenntnisse zur Rolle der USA
- Ist eine globale Machtverschiebung in Sicht?
- Welche Alternativen zu den USA gibt es?

Zusatzangebote Klett (Auswahl)

Vision eines US-amerikanischen Jahrhunderts

USA – unverzichtbarer Weltpolizist? (S. 75)
- Veränderungen in der weltpolitischen Rolle der USA
- Charakteristika des weltpolitischen Anspruchs der USA
- USA – Rückzug aus der einst übernommenen Verantwortung?
- Obamas Vision eines US-amerikanischen Jahrhunderts

USA – Wirtschaftsmacht mit Stärken und Schwächen

Wirtschaftsmacht mit Schwächen und Stärken (S. 76/77)
- Voraussetzungen für die Entwicklung zur führenden Weltwirtschaftsmacht
- Rolle der USA auf dem Weltmarkt
- Handelsbeziehungen der USA
- Mögliche zukünftige Rolle der USA

Abschied von der Leitwährung Dollar? (S. 78/79)
- USA-Wirtschaft mit Stärken und Schwächen
- Wertentwicklung des US-Dollars im Vergleich zu anderen Währungen
- Die USA im Wirtschaftsranking
- Euro und Yuan – eine ernstzunehmende Konkurrenz als Leitwährung?

USA als Kooperationspartner

Weg in eine gemeinsame Zukunft? – internationale Kooperation (S. 80–85)

NAFTA – umstrittenes Freihandelsabkommen (S. 80/83)
- NAFTA-Staaten im wirtschaftlichen Vergleich
- Prinzip einer Freihandelszone
- NAFTA – eine Win-Win-Situation?
- Ziele und Funktionsweise von Maquiladoras
- Maquiladoras ein Erfolgsrezept?

TTIP – Internationale Kooperation mit Hindernissen (S. 84/85)
- TTIP – Ziele, Konflikte und Auswirkungen
- TTIP als trojanisches Pferd? – Perspektive von Gegnern und Befürwortern

Haack Weltatlas
- Wirtschaftsbündnisse, S. 247 (3)
- Welthandel, S. 246 (2)
- Weltwirtschaft, S. 246 (1)

TTIP – sozioökonomischer Segen oder kapitalistischer Fluch?
- www.klett.de/alias/ 1062296

NAFTA
- www.klett.de/alias/ 1010711

5 Global Leader – zwischen Anspruch und Wirklichkeit

Strukturierungshilfe

Phase	Thema	Seite	Material	Aufgabe
Einstieg	Die USA als Global Leader – Anspruch und Wirklichkeit	74	1, 2	
Erarbeitung 1	USA – Unverzichtbarer Weltpolizist?	75	3, 4	1, 2
Anwendung	Auswertung der Karikatur „Rückzug aus der Verantwortung?"		3	3
Erarbeitung 2	USA – Wirtschaftsmacht mit Stärken und Schwächen	76–77	5–12	4, 5
Beurteilung	Zukünftige Rolle der USA im Globalisierungsprozess			6
Erarbeitung 3	Der US-Dollar als Leitwährung	78–79	13–15, 16	7, 8
Diskussion	Abschied von der Leitwährung Dollar?	78–79	16, 18	9
Erarbeitung 4	Die NAFTA als Freihandelszone	80	19–22	10
Erarbeitung 5	Ziele und Funktionsweise der Maquiladoras	81	23–25	11
Diskussion	NAFTA – Gemeinschaft gleichwertiger Partner?	82–83	26–28, 30	12, 13
Anwendung	Karikatur: Free Trade Agreement Nightmares		29	14
Erarbeitung 6	Grundlagen des Freihandelsabkommens TTIP	84–85	31–32, 34–37	16
Diskussion	TTIP – Ein trojanisches Pferd?		33	15, 17, 18

5.1 USA – unverzichtbarer Weltpolizist?

Lösungshinweise

1 Begründen Sie Veränderungen in der weltpolitischen Rolle der USA.

Nach wie vor sind die USA die größte Volkswirtschaft (Goldreserven, BIP) der Welt, die über die stärkste Armee der Welt verfügt (M1). Allerdings gibt es auf der weltpolitischen Bühne Veränderungen. Die Macht der USA nimmt ebenso ab wie der Respekt der Welt vor den USA. Der einst weitreichende Einfluss der USA reicht inzwischen weniger weit, weil die Macht anderer, aufstrebender Staaten wie China zunimmt. Die Abhängigkeit von arabischem Öl hat Amerika über Jahrzehnte dazu gezwungen, als Ordnungsmacht in der krisenanfälligen Region aufzutreten. Inzwischen haben sich die USA Alternativen zugewendet, sodass der Zwang, Ordnungsmacht zu spielen, nicht mehr gegeben ist. Die Hinwendung zu mehr Diplomatie statt militärischer Auseinandersetzungen ist nicht zuletzt auch eine Folge des „Haushaltslochs" der USA und der Veränderungen der Beurteilung der Rolle der USA in der US-amerikanischen Gesellschaft. Für die USA gehören China und die Veränderungen im asiatisch-pazifischen Raum zu den großen Herausforderungen des 21. Jahrhunderts. Früher übernommene Aufgaben werden in zunehmendem Maße an andere Nationen (z. B. Europa) abgegeben.

2 Charakterisieren Sie den weltpolitischen Anspruch der USA.

Der weltpolitische Anspruch der USA hat sich gewandelt (siehe Aufgabe 1). Die USA sehen sich aber dennoch als eine Art Ordnungsmacht und als Verteidiger der Freiheit, allerdings künftig verstärkt im asiatisch-pazifischen Raum. Darüber hinaus sieht Präsident Obama die USA in einer Vorreiterrolle bei der Klimapolitik, bei der Bekämpfung des internationalen Terrorismus. Die Erfüllung dieses Anspruchs wird nach Auffassung Obamas von den Menschen der Welt erwartet (M4).

3 Nehmen Sie zur Aussage der Karikatur 3 Stellung.

Die Hegemonialmacht zieht sich aus der Verantwortung zurück. Damit fehlt die schützende (militärische) Funktion, sodass die übrigen Staaten (u. a. Verbündete) im wahrsten Sinne des Wortes im Regen stehen. Der Zeichner zielt – im Gegensatz zur Überschrift – nur auf die militärische Rolle der USA ab. In diesem Zusammenhang wird von den anderen Regierungschefs die Übernahme von mehr Verantwortung erwartet. Ob und in welchem Umfang die USA weiterhin Verantwortung übernehmen, darauf wird nicht eingegangen. Unter Berücksichtigung der Erkenntnisse aus Aufgabe 1 und 2 kann festgestellt werden, dass der dargestellte Sachverhalt richtig ist. Auch die Dimension des dargestellten US-amerikanischen Soldaten entspricht den Relationen. Ob allerdings die übrigen Staaten im Regen stehen, kann zumindest angezweifelt werden, denn die USA wenden sich nicht von ihren europäischen Verbündeten ab, sondern kommen nach wie vor ihren Verpflichtungen im Rahmen der NATO nach. Zudem hat sich Europa von einem Schutzbedürftigen zu einem Produzenten von Sicherheit entwickelt.

5.2 Wirtschaftsmacht mit Schwächen und Stärken

Lösungshinweise

4 Nennen Sie Voraussetzungen für die Entwicklung der USA zur führenden Weltwirtschaftsmacht.
Zu den wesentlichen Faktoren gehören:
- Die Lagegunst der USA am Atlantik und Pazifik (aufgeschlossene Küstenlage zu Europa und zum pazifischen Wirtschaftsraum; günstige Naturhäfen an der Atlantikküste, was für die europäischen Einwanderer und die frühe Wirtschaftsentwicklung wichtig war).
- Der Anteil an mehreren Klimazonen, wodurch der Anbau vielfältiger Agrarprodukte ermöglicht wurde: Die Lage des Kernraums in der gemäßigten Klimazone (keine starken klimatisch bedingten Einschränkungen) sowie die großen Flachlandgebiete im Zentralen Tiefland, die ideale Bedingungen für eine technisierte Landwirtschaft bieten.
- Die fruchtbaren Schwarz- und Braunerdeböden im agrarischen Kernraum.
- Der Reichtum an mineralischen Rohstoffen (Stein- und Braunkohle, Erdöl und Erdgas).
- Der „amerikanische" Wirtschaftsgeist (Erfindungs- und Innovationsgeist, strenge Orientierung am Konzept der freien Marktwirtschaft (Wirtschaftsliberalismus), Ideal des freien Unternehmertums, geringes Maß an Staatsinterventionen (z. B. Vorschriften, Regulierungen; in den USA gab es beispielsweise keine hinderliche Zollschranken).
- Ein hohes Maß sowie die Bereitschaft zur räumlichen Mobilität der US-amerikanischen Bevölkerung.
- Das dichte, gut ausgebaute Verkehrsnetz.
- Der große Binnenmarkt.
- Günstige wirtschaftliche und politische Konstellationen (keine Kriege, Revolutionen) – im Gegensatz etwa zu Europa.
- Die Beteiligung an die Wirtschaft stimulierenden Kriegen (z. B. Zweiter Weltkrieg), ohne dabei selbst große Schäden zu erleiden (dies ermöglichte auch die Konzentration auf eine gezielte wirtschaftliche Weiterentwicklung, während die europäischen Länder (so auch Japan) ihre ganze Kraft in den Wiederaufbau stecken mussten).

5 Charakterisieren Sie die Rolle der USA auf dem Weltmarkt.
Die Materialien des Schülerbuches unterstreichen die wirtschaftliche Vormachtstellung der USA in der Welt. Zu belegen ist diese Feststellung beispielsweise durch die folgenden Punkte:
- Die bis etwa 2005 überragende Position der USA beim Anteil an der Weltwirtschaftsleistung hat in den Folgejahren an Glanz verloren. Lag der Anteil 1990 noch bei rund 23 % – Japan erreichte an zweiter Stelle mit weitem Abstand lediglich rund 8 % – wurde 2014 nur noch ein Anteil von rund 15 % erzielt. An die Spitze hat sich China mit einem Anteil von rund 18 % gesetzt. Zu berücksichtigen ist dabei, dass das Bruttoinlandsprodukt (BIP), das die im

Land erzielte gesamtwirtschaftliche Leistung, nicht wie beim BNE die von Inländern erzielte Wirtschaftsleistung abbildet.
- Legt man das gesamte Außenhandelsvolumen 2014 zugrunde (Importe + Exporte), so stehen die USA mit einem Außenhandelsvolumen von insgesamt 3 965 Mrd. US-$ knapp hinter der führenden Handelsmacht China (4 300 Mrd. US-$), rangieren aber mit deutlichem Abstand vor Deutschland (2 735 Mrd. US-$) und allen weiteren Ländern.
- Die Kaufkraft und der große Binnenmarkt sind Garant für eine ausgesprochen produktive Wirtschaft. Der Export hat dagegen eine geringe Bedeutung. Sein Weltanteil lag 2014 nur bei 8,7 %. Nach wie vor befinden sich in einem Ranking (2015) der führenden multinationalen Unternehmen unter den ersten zehn insgesamt neun US-amerikanische Konzerne.
- Der US-Markt wird von erfolgreichen Unternehmen des Auslandes für Exporte genutzt. Im Zuge der Globalisierung lässt sich eine deutliche US-Marktorientierung an den ausländischen Direktinvestitionen erkennen, wenngleich 2014 (90 Mrd. US-$) eine extreme Abnahme gegenüber 2011 (350 Mrd. US-$) zu erkennen ist (M10). Auch hier hat China die USA als Empfängerland abgelöst.
- Die zunehmende Integration der Weltwirtschaft zeigt sich vor allem im wachsenden Welthandel, der 2014 einen Wert von rund 18 700 Mrd. US-$ erreichte. Dabei entfällt ein großer Teil des Handels auf multinationale Unternehmen. Was den Export anbetrifft, so hat China die USA im Jahr 2014 von der Spitze abgelöst. Ein anderes Bild ergibt sich allerdings, wenn die angeführten EU-Länder nicht isoliert betrachtet, sondern als Wirtschaftsraum gesehen werden. In dem Fall steht die EU an der Spitze.
- Beachtenswert ist der Warenaustausch mit Asien wegen des Ungleichgewichts und des riesigen Defizits für die USA. Im Jahr 2014 importierten die USA für 1 025 Mrd. US-$ Waren aus Asien, bei einem Export von nur 495 Mrd. US-$, was einem Saldo von – 530 Mrd. US-$ entspricht. Der Warenaustausch mit Europa wies dagegen nur ein Defizit von rund 162 Mrd. $ auf. Unbedeutend ist der Warenaustausch mit Staaten Afrikas (Import: 82 Mrd. US-$; Export; 39 Mrd. US-$); der Welthandel konzentriert sich zunehmend auf die Industriestaaten, insbesondere die sogenannte Triade mit den Großregionen NAFTA, Pazifikraum und EU.
- Eine dominierende Rolle spielt die USA innerhalb Nordamerikas, wobei die Zusammenarbeit und der Handel im Rahmen der NAFTA eine wachsende Bedeutung gewinnt. Im Jahr 2014 betrug der Anteil am Export 27,3 % und der Anteil am Import 34 %.

5/3 Global Leader – zwischen Anspruch und Wirklichkeit – Abschied von der Leitwährung Dollar?

Schülerbuch Seiten 76 bis 77

6 Beurteilen Sie die zukünftige Rolle der USA im Globalisierungsprozess.

Zur Beurteilung bieten sich folgende Argumente an:
- Die USA werden auch weiterhin als politische und wirtschaftliche Leitmacht fungieren, da der US-Dollar als Leitwährung dient.
- Das Warenangebot für den Welthandel ist stark diversifiziert.
- Die aktiven und passiven Direktinvestitionen sind nach wie vor hoch; in den Jahren 2011 bis 2014 liegen die USA jeweils deutlich an erster Stelle in der Welt (M12).
- Das Handelsbilanzdefizit (die Außenhandelsbilanz ist stark negativ, d.h. die Importe übersteigen die Exporte deutlich, was die wirtschaftliche Abhängigkeit vom Ausland erhöht) wächst nahezu kontinuierlich an (M6).

- Im asiatischen Raum hat sich China zu einem Konkurrenten im Kampf um die Führungsposition entwickelt.
- Beim Global Innovation Index liegen die USA nur an fünfter Stelle (M8).
- Unter den TOP 10 der führenden multinationalen Unternehmen sind neun US-Konzerne (M7).

Somit werden die USA, wenn man nur die reinen Zahlen betrachtet, auch zukünftig eine entscheidende Rolle im Globalisierungsprozess spielen. Dennoch ist unverkennbar, dass sie einer starken Konkurrenz ausgesetzt sind. Exportweltmeister im Jahr 2014 ist China (M6), wobei die EU eigentlich die größte Wirtschaftszone ist. Da allerdings die EU nur selten mit einer Stimme spricht bzw. als echte Gemeinschaft agiert, werden die USA auch weiterhin im Globalisierungsprozess maßgebend sein.

5.3 Abschied von der Leitwährung Dollar?

Lösungshinweise

7 Stellen Sie Stärken und Schwächen der Wirtschaft der USA dar.

Zu den Stärken gehören u.a.:
- weltgrößte Volkswirtschaft (nicht kaufkraftbereinigtes BIP),
- enge Verzahnung von Wirtschaft und Forschung,
- hohe Arbeitsproduktivität,
- umfangreiche Rohstoffreserven (Erdöl, Erdgas),
- Unternehmerfreundlichkeit.

Zu den Schwächen gehören u.a.:
- hohes Außenhandelsdefizit,
- hoher Schuldenstand (z.B. Sparzwänge im öffentlichen Sektor),
- unterschiedliche rechtliche Vorschriften in einzelnen Bundesstaaten,
- Beschäftigungsquote und Löhne stagnieren,
- Konsum über Kredite finanziert.

8 Begründen Sie, warum der US-Dollar nach wie vor als Leitwährung gilt.

Trotz eines gigantischen Schuldenbergs, einer nur im letzten Moment abgewendeten Staatspleite, wiederkehrenden Haushaltsstreitereien gilt der US-$ nach wie vor als Leitwährung. Unter den Gläubigern hält China US-Staatsanleihen im Wert von 1,277 Billionen US-$ (M15) und ist damit Amerikas größter ausländischer Gläubiger (Mai 2016 noch 1,244 Billionen US-$ nach Verkäufen; Japan 1,133 Billionen US-$). China ist seit längerem bestrebt, die eigene Währung (Renminbi; Yuan) in die Lage zu versetzen, die weltweit starke Reservewährung zu werden. Dabei ist jedoch zu berücksichtigen, dass der Wert chinesischer Devisenreserven von der US-amerikanischen Geldpolitik abhängt. Wenn die US-Notenbank Fed den Markt mit billigem Kapital überschwemmt,

ist es für die VR China von Nachteil, weil damit der Wert des Dollars sinkt.

Vor allem seine Rolle im Welthandel hat den US-$ (Greenback) zur Leitwährung gemacht. Im globalen Außenhandel werden die Waren zumeist in US-Dollar und nicht in der Währung des Exporteurs oder Importeurs abgerechnet. (z.B. geringe Wechselkursrisiken; Vereinfachung des Handels). Devisenexperten rechnen zudem damit, dass der US-Dollar künftig an Stärke gewinnen wird. Damit ist der Dollar nicht unantastbar, d.h. er könnte beispielsweise vom Euro oder Yuan abgelöst werden. Voraussetzung ist allerdings, dass sich alle Außenhändler auf eine neue Leitwährung verständigen müssten.

9 Nehmen Sie zu den Ansichten des Karikaturisten Stellung (Karikatur 16).

Mit der Überschrift „Gerade noch gutgegangen" wird auf die Schuldenpolitik und Kreditwürdigkeit der USA angespielt. Während der Wirt auf den bereits vollen „Deckel" verweist, reagiert Sam (USA) einerseits verärgert und beleidigt, andererseits wenig beeindruckt und leichtsinnig („Dann kleb einfach unten noch einen dran ..."). In die Stellungnahme einzubeziehen sind: Der Schuldenberg der USA hat gigantische Ausmaße; die USA schulden das meiste Geld allerdings nicht fremden Staaten, sondern sich selbst (M15); der US-Dollar ist nach wie vor die Leitwährung im internationalen Handel (M13, 14). Die Überschrift müsste eher heißen: „Bis jetzt ist es immer gutgegangen."

5.4 Weg in eine gemeinsame Zukunft? – internationale Kooperation

Lösungshinweise

10 Erklären Sie am Beispiel der NAFTA das Prinzip einer Freihandelszone.

Bei der NAFTA (North American Free Trade Agreement; 1.1.1994) geht es um die Förderung des Handels zwischen den Mitgliedstaaten (USA, Kanada, Mexiko) und die Erleichterung von Investitionen.

Freihandel bedeutet ein System uneingeschränkten zwischenstaatlichen – in diesem Fall trilateralen – Handelsverkehrs. Ziele sind wirtschaftliches Wachstum und Wohlstand. Erreicht werden sollen diese Ziele durch den Abbau von tarifären Handelshemmnisse (Zölle, Steuern) und die Harmonisierung von nicht tarifären Handelshemmnissen (Importquoten, Subventionen, Normen und Gesetze, wie z. B. Produktvorschriften und solchen für Gesundheits-, Umwelt-, Hygiene-, Sicherheits- und Arbeitsrecht; im konkreten Fall mit Ausnahme der sensiblen Bereiche wie Agrarprodukte, Kraftfahrzeuge, Energie und Textilerzeugnisse), da durch sie der globale Austausch behindert wird. Darüber hinaus geht es darum, die eigenen Märkte vor Importen aus Übersee zu schützen, und die internationale Wettbewerbsfähigkeit der eigenen Industrie zu fördern.

11 Beschreiben Sie die Ziele und Funktionsweise der Maquiladoras.

Bei den Maquiladoras handelt es sich um Fabriken, die von multinationalen Konzernen im mexikanischen Grenzraum entlang der US-amerikanischen Grenze angesiedelt werden. In den zumeist nur in sehr einfacher Bauweise erstellten Fertigungshallen werden aus importierten Vorprodukten (kapitalintensive, von Maschinen gefertigte Einzelteile) Konsumgüter für die zollfreie Wiedereinfuhr (Reimport) in die USA oder auch für den Weltmarkt hergestellt. Die Ansiedlung wird vom mexikanischen Staat unterstützt (z. B. niedrige Bodenpreise; geringe Umweltschutzauflagen, deregulierte Rechte für die Arbeiter).

12 Beurteilen Sie, ob und inwiefern es sich bei den Maquiladoras um ein Erfolgskonzept handelt.

Die Einrichtung von Maquiladoras gehört zur Strategie der Modernisierungstheorie, die auf wirtschaftliches Wachstum fokussiert ist. Dies ist in Mexiko stark ausgeprägt, was man der Entwicklung des BIP, das allerdings deutlichen Schwankungen unterliegt (z. B. Auswirkungen der Finanzkrise 2008), erkennen kann. Auch die Handelsbilanz entwickelt sich seit 2000 tendenziell positiv. Dem technologischen Rückstand wird zunächst begegnet, indem man industrielle Halbfertigprodukte importiert, um sie zu Endprodukten fertig zu montieren. Ziel ist es, die Technologie zu verstehen, um die Produkte nachbauen zu können. Die in der strukturschwachen nordmexikanischen Region entstandenen Maquiladoras haben sich für die Entwicklung des Landes als unverzichtbar erwiesen (steigender Exportwert seit 2009 (von 195 Mrd.

US-$ auf 325 Mrd. US-$; Zufluss von ADI 13 Mrd. US-$ 2013, allerdings schwankend; M23). Das mexikanische Beispiel zeigt somit, dass die räumliche Nähe zu den USA und eine bewusste Stärkung des peripheren Raumes im Norden des Landes zu einer räumlich-strukturellen Verbesserung beitragen können. Anhand von M24 ist erkennbar, in welchen Regionen die Zahl der Betrieb ab- bzw. zunimmt und in welchem Umfang sich die Anzahl der Beschäftigten verändert hat.

Zusammenfassend kann man sagen, dass es nur teilweise gelungen ist, die eigene wirtschaftliche Entwicklung voranzutreiben. Aufgrund der Konzentration der bedeutendsten Standorte in Grenznähe zu den USA, ist die Zahl an Migranten immer noch sehr hoch.

Darüber hinaus hat sich durch die teilweise noch geringeren Löhne in Südostasien eine Konkurrenzsituation ergeben, die es anfangs nicht gab. Außerdem sind Dienstleistungen, die z. B. über das Internet erbracht werden können (z. B. Programmierung, Zeichnung, Berechnung, Bestellung), da sie keine Transportkosten verursachen, zu einem weiteren Problem geworden.

13 Beurteilen Sie, ob und inwiefern man innerhalb der NAFTA von Partnerschaft sprechen kann.

Aufgrund des klaren Ungleichgewichts bei der ökonomischen Leistungsfähigkeit (US-Anteil am NAFTA-BIP von 90 %) und der Tatsache, dass es zur Verlagerung von US-Arbeitsplätzen im Niedriglohnsektor in den Norden Mexikos kam, während beispielsweise die mexikanische Landwirtschaft geschwächt wurde, gibt es berechtigte Zweifel an der Bezeichnung „Partnerschaft". Statt von Partnerschaft sollte daher besser von einer Zweckgemeinschaft gesprochen werden.

(siehe dazu beispielsweise http://www.bpb.de/apuz/33090/mexiko-und-die-usa-zwischen-nafta-partnerschaft-und-zweckgemeinschaft?p=all)

14 Werten Sie die Karikatur 29 aus.

Der Karikaturist betitelt seine Karikatur mit „Albträume eines Freihandelsabkommens". Die dargestellte Situation zeigt einen mit Giftfässern beladenen Lkw, der aus den USA kommend über die Grenze nach Mexiko fährt. Auf der Gegenseite transportiert ein kleinerer Lieferwagen Drogen aus Mexiko in die USA. Da es keine Grenzkontrollen gibt, können beide Fahrzeuge die Grenze problemlos überqueren. Der Karikaturist bringt Befürchtungen zum Ausdruck, die mit dem Abschluss des Freihandelsabkommens verbunden sind. Dabei werden aber nur zwei mögliche Auswirkungen dargestellt bzw. überbetont. Es darf angezweifelt werden, ob der dargestellte „Albtraum" geeignet ist, das Freihandelsabkommen zu kritisieren. Grundsätzlich haben offene Grenzen auch „Lücken" bzw. können im nicht angestrebten Sinn ausgenutzt werden.

15 Werten Sie die Karikatur 33 aus.

Das TTIP ist als überdimensionales Trojanisches Pferd dargestellt, das vor der Burg „Europa" steht. Über die Burgmauer blicken fragend skeptische „europäische Ritter". Die fragenden Gesichter deuten darauf hin, dass niemand weiß, was sich im Bauch des Pferdes befindet. Somit ist das Fragezeichen hinter dem Titel berechtigt. Von Transparenz kann keine Rede sein.

Der Zeichner bringt seine kritische Haltung zum Ausdruck. Für ihn verlaufen die Verhandlungen intransparent, undemokratisch und unter Ausschluss der Öffentlichkeit. Das TTIP ist ein Trojanisches Pferd, in dessen Gefolge bisherige Standards des Umwelt- und Verbraucherschutzes aufgeweicht und Handlungsspielräume von Regierungen eingeschränkt werden sollen. Befürworter des Abkommens würden die Karikatur als einseitig bezeichnen, Gegner würden die Karikatur dagegen als auf den Punkt fokussiert bezeichnen.

16 Stellen Sie die Ziele des Abkommens dar.

Zu den Zielen des Freihandelsabkommens TTIP (Transatlantic Trade and Investment Partnership) gehören außer der Schaffung eines gegenüber Europa und auf dem Weltmarkt konkurrenzfähigen Wirtschaftsraumes, der Abbau von tarifären und nichttarifären Handelshemmnissen zwischen den USA und der EU zur nachhaltigen Förderung des Wirtschaftswachstum in den beteiligten Ländern. Dazu sollen beispielsweise ...

– Unternehmen in den USA und in der EU bei der Vergabe öffentlicher Aufträge gleichgestellt werden.
– Industriestandards harmonisiert, d. h. abweichende Normen angepasst, werden.
– Investoren beispielsweise private Universitäten im jeweiligen anderen Raum eröffnen und für diese staatliche Fördermittel einzufordern dürfen.
– Lebensmittelgesetze und Gesundheitsstandards angepasst werden.
– Umweltstandards akzeptiert bzw. angeglichen werden.

17 Erörtern Sie die Notwendigkeit eines Freihandelsabkommens zwischen den USA und der EU aus der Perspektive der Befürworter und Gegner.

Die Notwendigkeit des geplanten Freihandelsabkommens TTIP wird kontrovers diskutiert. Auf der Seite der Befürworter wird u. a. damit argumentiert, dass ...

– durch den Wegfall von Zöllen und ein Mehr an gemeinsamen Standards (z. B. für die Produktion von Autos) Kosteneinsparungen und sinkende Preise für die Verbraucher ermöglicht sowie die Wirtschaft angekurbelt wird. In der Folge werden neue Arbeitsplätze geschaffen.
– mit seinen rund 800 Millionen Verbrauchern der größte Wirtschaftsraum der Welt entsteht.
– nur ein engerer Zusammenschluss zwischen den USA und Europa der Konkurrenz aus Asien wirkungsvoll entgegentreten kann.
– Deutschland, das auf Exporte angewiesen ist (jeder vierte Arbeitsplatz in der Bundesrepublik hängt direkt oder indirekt vom Export ab), vom Freihandel profitiert.

Auf der Seite der Gegner wird u. a. damit argumentiert, dass ...

– die Gefahr besteht, dass europäische Vorschriften zum Schutz von Verbrauchern (z. B. bei der Gentechnik, Fracking etc.), Arbeitnehmern oder der Umwelt gelockert werden, weil sie als Handelshemmnisse eingestuft werden könnten. Insbesondere globale Konzerne könnten TTIP dazu nutzen, das europäische Sozialmodell nach und nach zu unterlaufen.
– internationale Konzerne die Möglichkeit erhalten, über Regeln zum Investitionsschutz zu befinden und Schiedsgerichte nationales Recht und nationale Politik aushebeln (Investitionsschutz).
– die Parlamente an Einfluss verlieren.
– insbesondere in den sog. Entwicklungsländern bzw. Drittländern zahlreiche Menschen ihre Arbeitsplätze verlieren, weil es Unternehmen außerhalb der neuen Freihandelszone schwerer haben werden, ihre Waren in den USA oder auf dem europäischen Markt zu verkaufen.
– den Staatskassen bzw. dem EU-Haushalt Geld in Milliardenhöhe fehlen wird, das zuvor durch Zölle eingenommen wurde.

Die Befürworter, auf deren Seite die jeweiligen Regierungen, Wirtschafts- und Unternehmerverbände stehen, argumentieren eher aus der ökonomischen Perspektive. Demgegenüber stehen auf der Seite der Gegner Gewerkschaften, Globalisierungskritiker, Verbraucher- und Umweltverbände, die vorwiegend mit ökologischen und sozialen Argumenten aufwarten. Für die Befürworter ist TTIP ein Zusammenschluss der freien Welt, die im Vergleich zu den Mega-Staaten Asiens immer kleiner wird und nur gemeinsam noch etwas bewirken kann. Für die Gegner ist TTIP ein Trojanisches Pferd (M33), ein Geschenk, das schön aussieht, letztlich aber die Schwächung der europäischen Kultur, der Wirtschaft, der Umwelt, der Demokratie zur Folge haben wird. Sie bezweifeln, dass sich zwei Demokratien zu einer Partnerschaft finden, stattdessen sehen sie die Gefahr, dass multinationale Konzerne die eigentlichen Akteure sein werden.

Als Fazit kann formuliert werden, dass die Auswirkungen des Freihandelsabkommens vom konkreten Wortlaut bzw. Inhalt des Vertrags abhängen. Würden Handelsverträge beispielsweise grundsätzlich dem Verbraucherschutz schaden, indem es zum Arbeitsplatzverlust kommt, dann hätte das auch bei der europäische Integration mit ihrem Binnenmarkt in Deutschland passieren müssen. Hier ist aber gerade das Gegenteil der Fall, denn der Export sichert Arbeitsplätze. Klar sein dürfte jedoch, dass auf beiden Seiten eigene Standpunkte aufgegeben werden müssen, d. h. es muss auf beiden Seiten Zugeständnisse geben. Grundsätzlich ist jedoch mehr Offenheit erforderlich.

TERRA Lehrerband Oberstufe Angloamerika
ISBN: 978-3-12-104740-6

13 „Die NAFTA bietet gutes Anschauungsmaterial dafür, was von der geplanten Freihandelszone TTIP zu erwarten ist." Nehmen Sie zu dieser Aussage Stellung (vgl. S. 80–85). Genau wie bei der Beurteilung der Notwendigkeit von TTIP kommt es darauf an, aus welcher Perspektive die NAFTA betrachtet wird. Für eine Bewertung können verschiedenste Bewertungsfaktoren herangezogen werden. Je nachdem, was im Vordergrund steht, kann ein Plus oder Minus auch unterschiedlich ausfallen.

Sowohl Befürworter als auch Gegner führen berechtigte Argumente ins Feld und können diese auch anhand von Studien belegen (M27, M28). Die NAFTA bietet insofern gutes Anschauungsmaterial, als es auch hier auch um „Hoffnungen" bzw. „Versprechungen" ging, die rückblickend einerseits erfüllt worden, andererseits aber nicht eingetroffen sind. Beim Vergleich der Arbeitslosenquote zeigt sich, dass sie sich in Mexiko (von 3,0 auf 4,8 %) und in den USA (von 5,6 auf 6,7 %) verschlechtert hat, lediglich in Kanada ist eine positive Tendenz erkennbar. Von einem deutlichen Wachstumsschub kann in Mexiko nicht die Rede sein. 1990 (Abkommen 1994) lag die jährliche Wachstumsrate des mexikanischen BIP bei rund 5 Prozent, 2013 nur noch bei rund 1,5 Prozent. Für 2018 wird eine Wachstumsrate von rund 3 Prozent prognostiziert. Allerdings fielen die Wachstumsraten in Kanada und den USA 2013 niedriger aus. Zu berücksichtigen ist dabei, dass ein Freihandelsabkommen interne Probleme eines Landes nicht lösen kann. D. h., ein geringeres Wachstum kann auch Folge der schlechten Infrastruktur, der vergleichsweise hohen Korruption und des Krieges der Drogenkartelle sein. Die Handelsbilanzen haben sich für Mexiko gegenüber den beiden anderen Partnerländern seit 2010 deutlich verbessert. Seit 2000 ist für Mexiko ein stetiger Anstieg zu verzeichnen. 78 % des mexikanischen Exports gingen 2013 in die USA, bei einer Veränderung gegenüber 1992 um – 1,4 Prozentpunkte. Zu den eindeutigen Verlierern zählen Mexikos Kleinbauern. Der Handel zwischen den drei Ländern hat sich zwar erhöht (2014 rund 1 250 Mrd. US-$; M22), doch profitiert haben davon in der Hauptsache Großkonzerne und Vermögenseigentümer, während die Einkommensungleichheit in allen drei Ländern zugenommen hat. Während Mitte der 1990er-Jahre der Fokus der Mitgliedstaaten auf ihrer unmittelbaren Nachbarschaft lag, suchen sie heute nach neuen Partnern und richten ihren Blick auf Europa und den asiatisch-pazifischen Raum.

Als Anschauungsmaterial kann das Freihandelsabkommen NAFTA auch dienen, denn aus den Fehlern kann gelernt werden, so entstehen beispielsweise neue Arbeitsplätze nicht automatisch und alle Wachstumshoffnungen erfüllen sich nicht von allein.

TERRA Lehrerband Oberstufe Angloamerika
ISBN: 978-3-12-104740-6

45

6.2 Kompetenzen überprüfen

Lösungshinweise

1. Räumliche Orientierung

Stumme Karte zum Ausdrucken unter dem Online-Code 4mb4zv

1.1 Stellen Sie in der Karte „Angloamerika im Überblick" schematisch die Klimazonen dar.
Grundlagen für die Lösung bieten: Haack Weltatlas, S. 236 und http://www2.klett.de/sixcms/list.php?page=infothek_artikel&extra=TERRA-Online%20Lehrerservice&artikel_id=107959&inhalt=klett71prod_1.c.1790863.de

1.2 Zeichnen Sie in diese Karte Gunstgebiete für die landwirtschaftliche Nutzung ein.
Als Grundlage kann herangezogen werden: Haack Weltatlas, S. 203 und S. 194/195.

1.3 Tragen Sie in die Karte die Grundzüge der naturräumlichen Gliederung ein.
Als Grundlage kann herangezogen werden: Haack Weltatlas, S. 192

1.4 Charakterisieren Sie die Lage wichtiger Industriegebiete innerhalb Angloamerikas.
Für die Lage der Industrieregionen Angloamerikas ist eine Nähe zu Rohstoffen (z. B. Eisenerz Kohle beim Manufacturing Belt, Erdöl und Erdgas Golfregion), eine große Verkehrsgunst (Lage an der Küste), ein gutes Angebot qualifizierter Arbeitskräfte sowie gute Absatzmärkte durch die Nähe zu Großstädten charakteristisch.
Heute spielen weiche Standortfaktoren, Fühlungsvorteile und Steuererleichterungen eine größere Rolle für die Entwicklung von Industriegebieten als eine traditionelle Gunstlage.

2. Fachwissen

2.1 Charakterisieren Sie anhand des Klimadiagramms 2 die Rahmenbedingungen der landwirtschaftlichen Nutzung in Kalifornien.
Das Klimadiagramm von San Francisco (Cs-Klima; mediterranes Klima; warmes, sommertrockenes Klima; warme Winter) weist für die Monate Oktober bis Mai Niederschläge von mehr als 30 mm (Maxima im Dezember/Januar) und eine trockene Jahreszeit von Juni bis September aus.
Die landwirtschaftliche Nutzung („Fruchtgarten der USA"; Kalifornisches Längstal; ideale Anbaubedingungen für Weintrauben, Orangen, Zitronen, Avocados, etc.) ist im Regenfeldbau (Lage westlich der agronomischen Trockengrenze) nicht mehr möglich, daher muss künstlich bewässert werden.

Damit kann San Francisco allerdings nicht stellvertretend für den gesamten Raum Kalifornien herangezogen werden. Das Klima in Kalifornien lässt sich grob in drei Zonen einteilen:
a) Küstenbereich: Hier sind die Temperaturen durch den Einfluss des recht kühlen Pazifiks niedriger als im Landesinneren. Im Norden gibt es oft regnerische Winter. Der in den Sommermonaten nicht seltene Nebel sorgt für eine entsprechende Abkühlung.
b) Gebirgsregionen (Sierra Nevada): Die Sommer sind heiß. Die Höhenlage bewirkt ein rasches Absinken der Temperaturen nach Sonnenuntergang. Die Winter sind im Allgemeinen schneereich.
c) Wüste: ganzjährig tagsüber sonnig und warm, bei nächtlich starker Abkühlung.

2.2 Erläutern Sie, was unter „Industrial farming" zu verstehen ist.
„Industrial farming" (industrielle Landwirtschaft) bezeichnet eine maschinengerechte Landwirtschaft; d. h. die Übertragung und Anwendung industriespezifischer Produktionsweisen in der Agrarwirtschaft. Merkmale sind ein hoher Spezialisierungsgrad, die Verwendung technischer Verfahren, ein hoher Kapital- und Energieeinsatz, eine hohe Produktivität sowie der Übergang zu einer standardisierten Massenproduktion. Die Entwicklung zur industrialisierten Landwirtschaft betrifft nicht nur die agrarindustriellen Unternehmen, sondern auch Betriebe, die sich in Familienbesitz befinden.

2.3 Beschreiben Sie die Einwanderungswellen in die USA.
Nach der Entdeckung Amerikas 1492 zeichneten sich bereits die ersten Spuren europäischer Einwanderer als neue Siedler in Nordamerika ab. Zu dieser Zeit gab es gleich drei große Gruppen, die sich in den Kolonialgebieten niederließen: Die Spanier siedelten sich bis Ende des 19. Jahrhunderts vorrangig im Gebiet des heutigen Kalifornien an. Das Siedlungsgebiet der Franzosen reichte vom heutigen Illinois über Detroit bis hin nach Louisiana. Die Engländer siedelten zunächst vorrangig im heutigen Massachusetts. Bis zu den Anfängen des 20. Jahrhunderts kamen dann in immer mehr Teilen der USA weitere Europäer dazu, zu denen auch Holländer und Schotten gehörten.

Die Einwanderung von 1776 bis 1849
Bis zum Ende des 18. Jahrhunderts nahm der Strom an Einwanderern nicht ab. Während der ersten Hälfte des 19. Jahrhunderts kamen u. a. auch 500 000 Menschen mit deutscher Herkunft in die USA. Viele von ihnen verließen ihre Heimat, nachdem dort Mitte des 18. Jahrhunderts die Revolution gescheitert war. Zwischen 1845 und 1849 schwappte dann die zweite Einwanderungswelle in die USA. Diesmal kamen Millionen von Iren in das nordamerikanische Land, nachdem in ihrer Heimat eine Hungersnot ausgebrochen war.

Die Einwanderung von 1924 bis 2003

Sowohl im Jahre 1921 als auch 1924 wurde das Einwandern in die USA durch die Gesetze Emergency Quota Act und Immigration Act von 1924 einer Quote unterworfen. Diese Quote sollte in erster Linie dazu dienen, die Einwanderer aus Süd- und Osteuropa zugunsten der Einwanderer aus Nord- und Westeuropa einzudämmen, um so auch die Einwanderung weißer Siedler zu sichern. Um dies zu erreichen, wurde die Zahl der neuen Einwanderer pro Land auf 2 % des Anteils an der Bevölkerung des Jahres 1890 begrenzt.

Besonders groß wurde der Wunsch vieler Menschen von Europa in die USA auszuwandern nach dem Zweiten Weltkrieg. Hier war das Einwandern in die USA auf Grund der Quoten noch ein wenig schwierig. Um den Menschen das Einwandern in die USA zu erleichtern, wurden ab 1965 bei jedem Antrag auch die Punkte Herkunft, Weltregion und Fragen der Familienzusammenführung berücksichtigt. Seit dem Jahr 1978 hat die USA für ihre Einwanderungspolitik eine weltweit einheitlich geltende Quote. Auch wenn im Laufe der Jahre so vor allen Dingen die Zahl der Einwanderer aus Europa stark zurückging, nutzten jedoch bis weit in die neunziger Jahre hinein über 10 Millionen Menschen die Möglichkeit in die USA einzuwandern. Bis zum Jahre 2003 betrug die Zahl der Menschen die nach ihrer Einwanderung die amerikanische Staatsbürgerschaft erhielten 463 204 Personen.

Die aktuelle Einwanderungssituation

Seit dem Jahr 2005 gilt in den USA ein neues Einwanderungsgesetz. Das Gesetz Real ID Act of 2005 brachte viele Änderungen für politisches Asyl, das habeas corpus und andere Regelungen mit sich. Da dieses Gesetz nicht nur Zustimmung, sondern auch in einigen Teilen Ablehnung erfuhr, kam es im Jahre 2006 in vielen Bundesstaaten zu großen Demonstrationen, bei denen Einwanderer, Bürger, Menschenrechts- und Arbeits-Organisationen für ein besseres Einwanderungsrecht kämpften. Bis heute ist das neue Gesetz in Kraft und es gibt auch immer wieder von einzelnen Einwanderungsgruppen Demonstrationen für Änderungen des Gesetzes.

verändert nach: http://www.americandream.de/news-presse/blogs-2/american-adventure/die-geschichte-der-einwanderung-in-die-usa/

2.4 Erläutern Sie Schwierigkeiten, die sich aus dem Schrumpfen von Städten ergeben.

In vielen schrumpfenden Städten sind die Folgen ähnlich: Ganze Stadtviertel entleeren sich, immer mehr Wohnungen stehen leer. Besonders stark betroffen sind dabei die Großwohnsiedlungen, in denen oft ein Fünftel der Wohnbestände dauerhaft unvermietet bleibt. Problematisch sind jedoch nicht nur die strukturellen Leerstände in diesen Wohngebieten, sondern auch der Prozess des einhergehenden Niedergangs: Verarmung, Vergreisung und Ghettobildung. Dem massenhaften Wegzug und Leerstand folgt die Verödung, zurück bleiben sozial schwache Bevölkerungsgruppen. Gut ausgebildete Bürger und Besserverdienende konzentrieren sich hingegen inselhaft in aufgewerteten Stadtteilen und im Speckgürtel der Städte. Vor dem zunehmenden Wohnungsleerstand fallen – oft innenstadtnahe – altindustrielle Gewerbeflächen brach. Alte und überflüssige Industrieanlangen werden abgerissen und hinterlassen kahle Flecken in den Städten. Fehlen gewerbliche Nachnutzer, bleiben diese Flächen als innerstädtische Ödflächen oft sich selbst überlassen. Unter dem Wegfallen der traditionellen wirtschaftlichen Säulen einer Stadt und der zunehmenden Abwanderung leiden verstärkt auch Dienstleistungsbetriebe, für die die Nachfrager fehlen. Die Folge sind z. B. leer stehende Einzelhandelsimmobilien in den Fußgängerzonen der schrumpfenden Städte.

(siehe auch: http://www2.klett.de/sixcms/list.php?page =infothek_artikel&extra=TERRA-Online%20/%20 Hauptschule&artikel_id=132589&inhalt=klett71prod_1.c. 155120.de)

2.5 Erörtern Sie, ob und inwiefern „Angloamerika" die Klassifizierung als eigenständiger Kulturerdteil rechtfertigt.

Zur Lösung der Aufgabe siehe das Infoblatt: „Der angloamerikanische Kulturerdteil" (https: //www.klett.de/alias/10 04350). Die klassische Definition des Begriffes Kulturerdteil stammt aus dem Jahr 1962 von A. Kolb. Danach wird unter einem Kulturerdteil ein Raum subkontinentalen Ausmaßes verstanden, dessen Einheit auf dem individuellen Ursprung der Kultur, auf der besonderen einmaligen Verbindung der landschaftsgestaltenden Natur- und Kulturelemente sowie auf der eigenständigen, geistigen und gesellschaftlichen Ordnung und dem Zusammenhang des historischen Ablaufes beruht. Zur Abgrenzung des Kulturerdteils werden nicht wie bei Kontinenten, physisch-geographische Kriterien verwendet, sondern kulturelle Eigenheiten, religiöse Traditionen und die daraus resultierenden Lebens- und Wirtschaftsweisen der verschiedenen Kulturen und Völker. Damit dienen kulturell-ethnische Gesichtspunkte der Abgrenzung. Auf Angloamerika bezogen, bedeutet das: Es sind beispielsweise Gemeinsamkeiten der Denk- und Verhaltensweisen (normatives Leitsystem) gegeben. Als Strukturierungshilfe eignen sich die fünf Merkmalskomplexe: Raum und Umwelt, Leitsystem und Religion, Geschichte und Kultur, Mensch und Bevölkerung, Wirtschaft und Infrastruktur, wobei die Reihenfolge der Merkmalskomplexe unbedeutend ist.

Obwohl die angloamerikanische Kultur entscheidend von der europäischen Kultur, den Einwanderern und Einwanderungswellen aus vielen Ländern geprägt worden ist, hat sich daraus ein Schmelztiegel (Melting pot) entwickelt, der die ganze Welt auf die vielfältigste Weise beeinflusst hat und auch weiterhin beeinflusst. Entwickelt hat sich daraus eine eigene und unverwechselbare Identität, die in der Lebensweise der US-Amerikaner zum Ausdruck kommt („American Way of Life": Erfolgsorientierung; materieller Wohlstand als Maßstab für Erfolg; Ideal der Chancengleichheit; hohes Maß an Mobilität bzgl. Wohnort und Arbeitsplatz, etc.).

2.6 Stellen Sie am Beispiel der Gated Communities die immer größer werdenden Unterschiede innerhalb der US-Bevölkerung dar.

Sicher, bequem und unter Gleichen – das ist häufig das Motto für ein Leben in Gated Communities. Dabei spiegelt dieses Verhalten mehrere Entwicklungstendenzen bzw. gesellschaftliche Einstellungen der US-Bevölkerung wieder. Zum einen ist es die Tendenz zum Leben unter Gleichen. Man vermeidet Kontakt zu Ethnien und trägt damit zur Segregation weiter bei. Zum anderen sucht man auch die Gleichen in der gesellschaftlichen Schicht: Man möchte seinen Reichtum aus Angst vor Neid nicht verstecken – und die Schere zwischen arm und reich wird immer größer. Die Gated Communities erlauben ein Leben im Luxus bei gleichzeitiger Sicherheit durch die Abschottung zum weniger reichen Teil der Gesellschaft.

2.7 Charakterisieren Sie den Umgang der USA mit den eigenen Ressourcen.

Die Vereinigten Staaten sind reich an Bodenschätzen und fruchtbaren Böden. Während die Böden durch die intensive landwirtschaftliche Nutzung devastieren, werden die Bodenschätze oft geschont. Die USA verzichten in großen Teilen auf die Ausbeutung der eigenen Rohstoffe und kaufen stattdessen auf dem Weltmarkt ein. Allerdings werden hier eher ökonomische als ökologische Motive ausschlaggebend sein. Die USA werden durch die Schonung ihrer Rohstoffe noch über Ressourcen verfügen, wenn das Angebot auf dem Weltmarkt erschöpft sein wird.

3. Erkenntnisgewinnung durch Methoden

3.1 Auswirkungen von Tabellen und Diagrammen
a) Analysieren Sie die Grafik 3 im Hinblick auf die Wirtschaftsentwicklung sowie die Rolle der USA als Wirtschaftsmacht.
Die mit „Wachwechsel?" überschriebene Grafik zeigt die Entwicklung des BIP in Mrd. US-$ von 1960 bis 2014 für die Staaten USA und VR China. Im Beobachtungszeitraum war das BIP der USA von 1960 bis 2013 größer als das Chinas. Im Folgejahr ist das BIP Chinas größer als das der USA. Damit hat China die USA in ihrer Rolle als Wirtschaftsmacht abgelöst. Bemerkenswert ist die Wirtschaftsentwicklung Chinas insofern, als die Wirtschaftsleistung gegenüber dem Jahr 2002 auf das 9-fache gesteigert werden konnte. Demgegenüber fällt die Steigerungsrate der USA im gleichen Zeitraum vergleichsweise gering aus (etwa 1,5-fach).
b) Erörtern Sie die Aussagekraft der Grafik.
Die Grafik stellt die Entwicklung des BIP in beiden Staaten nachvollziehbar und anschaulich dar. Trotz aller Unzulänglichkeiten gilt das BIP immer noch als ein internationaler „Schlüsselindikator" für den wirtschaftlichen Bereich, der insbesondere beim Vergleich der Wirtschaftskraft verschiedener Länder herangezogen wird. Ob allerdings ein Wachwechsel stattgefunden hat bzw. stattfindet, kann anhand dieser Grafik noch nicht ausgesagt werden. Die Entwicklung

der nächsten Jahre wird zeigen, ob China das BIP weiter steigern kann und ob es weiterhin größer als das der USA sein wird. Es kann sich auch um eine temporäre Schwächephase handeln. Kritisch ist anzumerken, dass aus der Grafik nicht erkennbar ist, dass das kaufkraftbereinigte BIP zugrunde gelegt worden ist. Beim nicht bereinigten BIP liegen die USA nach wie vor deutlich vor der VR China.

3.2 Erstellen Sie eine SWOT-Analyse zur Wirtschaft der USA.
Die beispielhafte SWOT-Analyse könnte die nachstehenden Aspekte beinhalten:

Stärken (strength)	Schwächen (weakness)
– weltgrößte Volkswirtschaft (nicht kaufkraftbereinigtes BIP) – enge Verzahnung von Wirtschaft und Forschung – hohe Arbeitsproduktivität – umfangreiche Rohstoffreserven (Erdöl, Erdgas) – Unternehmerfreundlichkeit	– hohes Außenhandelsdefizit – hoher Schuldenstand (z. B. Sparzwänge im öffentlichen Sektor) – unterschiedliche rechtliche Vorschriften in einzelnen Bundesstaaten – Beschäftigungsquote und Löhne stagnieren – Konsum über Kredite finanziert
Chancen (opportunities)	**Risiken (threats)**
– Konsumfreundlichkeit bei zunehmender Bevölkerungszahl – niedrige Energiekosten – leistungsfähiger High-Tech-Sektor – Freihandelsabkommen TTIP mit Europa	– Wechselkursschwankungen – strengere Sicherheitsvorschriften/Standards beim internationalen Warenaustausch – politische Entwicklungen (international) als Behinderung (Welthandel)

4. Kommunikation

4.1 Verfassen Sie einen Zeitungskommentar zum Thema „USA – Reichtum durch Schulden".
Ein Kommentar gehört zu den meinungsbetonten Textsorten. Entsprechend bildet die subjektive, persönliche Meinung des Autors zum Sachverhalt die Kernaussage des Textes. Beim Aufbau kann man sich an diesen Punkten orientieren:
– Die Überschrift ist kurz und prägnant, oft reißerisch und soll den Leser zum Lesen animieren.
– Knappe Positionierung in Form einer These, um Kontakt zum Leser aufzubauen.
– Zusammenfassung der Nachricht oder des Sachverhalts, auf die sich der Kommentar bezieht. Hierfür werden nur wenige Zeilen beansprucht, die aber wichtig sind, um den Leser ins Thema zu bringen.
– Argumentation des Autors für seine Sichtweise. Sie verdeutlicht den Standpunkt und widerlegt gegnerische Argumente.
– Schluss, bei dem die anfängliche These aufgegriffen wird und die Folgerungen, Forderungen oder Mahnungen, die sich aus der Argumentation ergeben haben, dargelegt werden.

– Der Name des Kommentators steht grundsätzlich am Ende des Beitrags.
Nach http://wortwuchs.net/kommentar/

4.2 Gestalten Sie eine Präsentation zum Thema „TTIP – Ein nützliches Abkommen für alle Beteiligten?".
Individuelle Schülerlösung. Geeignetes Karten- und Bildmaterial sowie aktuelle Statistiken zur demografischen und ökonomischen Situation der beteiligten Staaten können über eine Internetrecherche zusammengestellt werden.
Als Gliederungspunkte bieten sich an: Inhalte des Freihandelsabkommens; aktueller Stand der Verhandlungen sowie bei einer Auswahl Deutschlands als Fallbeispiel: Was sagen deutsche Firmen und Branchen dazu? Welche Positionen nehmen Unternehmer-, Umwelt- und Verbraucherverbände ein? Wie beurteilen deutsche Politiker TTIP? Welche Argumente bringen die USA vor?
Siehe dazu insbesondere: Das Transatlantische Freihandelsabkommen (TTIP) – sozioökonomischer Segen oder kapitalistischer Fluch? (https://www.klett.de/alias/1062296)

4.3 Bereiten Sie eine Pro-und-Kontra-Diskussion zum Ausbau der US-amerikanischen Grenzanlagen zu Mexiko vor.
Die als „Tortilla Curtain" bezeichnete Grenze zwischen den USA und Mexiko ist die weltweit am häufigsten überquerte Grenze der Welt. Bei einer Länge von rund 3 100 Kilometern überqueren ungefähr 250 Millionen Menschen legal die Grenze zwischen den USA und Mexiko. Hinzu gelangen jährlich geschätzte 350 000 illegale Einwanderer aus Mexiko über die Grenze.
Auf der Pro-Seite kann u. a. angeführt werden: Um sich gegen illegale Einwanderung, Drogen- und Waffenschmuggel besser schützen zu können, haben die USA im Jahr 2006 ein neues Gesetz zum Ausbau der Grenzanlagen (Zaun, Kameras, Flutlicht, Bewegungsmelder, Bodensensoren) sowie die Verdopplung der Einsatzkräfte der „United States Border Patrol" an der Mexikanischen Grenze verabschiedet. Die illegale Einwanderung gehört zu den wichtigsten innenpolitischen Problemen in den USA. Experten gehen davon aus, dass bis zu 1,5 Millionen Menschen jährlich ohne Erlaubnis in die USA kommen.
Auf der Kontra-Seite kann u. a. angeführt werden, dass die wachsende Armut in Mexiko und Ländern Zentralamerikas viele Menschen dazu zwingt, ihre Heimat zu verlassen und ihr Glück in den USA zu suchen. Die überwiegende Mehrheit der mexikanischen Migranten stammt aus den kleinbäuerlich geprägten südlichen Bundesstaaten (z. B. Chiapas, Oaxaca und Guerrero). Ihnen fehlt eine ökonomische Perspektive in Mexiko. Demgegenüber steht das Bild der USA als Nation des Reichtums und Überflusses.
Grundsätzlich ist festzuhalten, dass Grenzbefestigungen das Problem nicht lösen. Einerseits verwundert es nicht, dass sich die USA beispielsweise am Rande der Millionenstadt wie San Diego mit großem Aufwand gegen den Ansturm aus dem Süden abzuschotten versucht. Andererseits beweist bereits eine Fahrt von ein paar hundert Kilometern nach Osten durch die menschenleeren, im Sommer 45 Grad heißen Wüsten, dass der Abschottungsaufwand, der hier betrieben wird, zum Scheitern verurteilt ist. Die Südgrenze der USA hermetisch abzuriegeln, gleicht einem Versuch, die Tür eines Hauses zu schließen, das keine Mauern hat.

4.4 Diskutieren Sie am Beispiel des Silicon Valley Chancen und Risiken von Technologieparks.
Die Chancen der Technologieparks – egal ob planmäßig angelegt oder gewachsen – liegen in den Fühlungsvorteilen, die sich durch die Nähe ähnlich ausgerichteter Unternehmen sowie entsprechender Forschungs- und Entwicklungseinrichtungen ergeben. Eine enge Zusammenarbeit mit Universitäten sorgt für Nachschub an gut ausgebildeten Arbeitskräften und neuen Geschäftsideen. Investitionen in eine gute Infrastruktur machen sich schnell bezahlt, weil viele Unternehmen z. B. von schnellen Datenleitungen profitieren. Beim Silicon Valley hat sich auch schnell das gute Image als Magnet erwiesen, sodass weltweit das Tal als erste Adresse für IT und Software gilt.
Die Risiken ergeben sich eher aus der starken Nachfrage: Die Bodenpreise explodieren, Wohnraum ist für „normale" Arbeitskräfte kaum zu bezahlen und die immer größere räumliche Enge schränkt die vormals positive Arbeitsatmosphäre zunehmend ein.
Die Sorge, dass das Silicon Valley durch seine einseitige Ausrichtung und die Konkurrenz unter den Firmen in der gleichen Branche nicht funktionieren könnte, hat sich nicht bewahrheitet. Im Gegenteil: Die Konkurrenz belebt das Geschäft und treibt alle zu immer neuen Höchstleistungen an. Außerdem hat sich mittlerweile ein Branchenmix mit zahllosen IT-nahen Unternehmen im Bereich Health Care, Elektrotechnik, Biotechnologie, Rüstung etc. angesiedelt, sodass das Silicon Valley industriell sehr breit aufgestellt ist.

4.5 Führen Sie ein Rollenspiel zur Gentrifizierung eines Farbigenviertels nahe des CBD von Boston durch.
Bei der Durchführung des Rollenspiels kommt es darauf an, dass die Positionen jeweils so authentisch wie möglich angenommen werden und in ihrer Argumentation überzeugen. Dabei werden sicher unsachlichere, gefühlsgesteuerte Positionen sachlichen, profitorientierten Interessen gegenüberstehen.
Als mögliche Gruppen mit ihren Interessen könnten ausgewiesen werden:
Langjähriger Bewohner: Die Inwertsetzung des Viertels und die Sanierung seiner Mietwohnung lassen die Mietpreise steigen und für ihn wird es nicht mehr bezahlbar. Er muss „sein" Wohnviertel verlassen und die Beziehungen und Gewohnheiten aufgeben.
Stadtplaner: Die Inwertsetzung des innenstadtnahen Bereichs liegt in ihrem Interesse. Sie sehen darin die Chance, die Verwahrlosung der Innenstadt und die Abwanderung in den Speckgürtel zu stoppen.
Bürgermeister: Die Inwertsetzung fördert die Attraktivität der innenstadtnahen Wohnbereiche und fördert den Zuzug kapitalkräftigerer Mieter und Hauseigentümer.

Künstler: Der Charme des Viertels geht durch die Kommerzialisierung verloren. Der ursprüngliche Flair sowie der Multikulturalismus verschwinden zugunsten einer hippen Oberschicht, die sich mit der Nähe zum Künstlerviertel schmückt. Hauseigentümer: Klares wirtschaftliches Interesse, da durch die Sanierung die bisherigen Mieter herausgedrängt werden, die unregelmäßig zahlen und das Haus verkommen lassen. Stattdessen gibt es neue Mietinteressenten, die zahlungskräftiger sind, sodass sich die Investitionen bald amortisieren.

Neuer Mieter: Endlich findet er geeigneten Wohnraum des gehobenen Bedarfs nahe des Arbeitsplatzes im CBD. Pro Arbeitsweg spart er 90 Minuten, hat interessante Szenekneipen und genießt die Vorzüge des innerstädtischen Wohnens. Dafür bezahlt er gerne etwas mehr, aber nur, wenn dann auch die Asozialen hier verschwinden.

4.6 Erarbeiten Sie ausgehend von Quellentext 4 ein Referat zu den aktuellen Klimaschutzanstrengungen der USA.

Im August 2015 wurde von der US-amerikanischen Regierung ein Plan („Clean Power Plan") mit ehrgeizigen Zielen zur Reduzierung der Treibhausgase im Energiesektor vorgestellt. Danach soll bis zum Jahr 2030 der CO_2-Ausstoß gegenüber 2005 um 32 Prozent gesenkt werden. Erreicht werden soll dieses Ziel durch einen verstärkten Einsatz regenerativer Energien. Anfang 2016 hat der amerikanische Supreme Court allerdings einen wichtigen Teil des Klimaschutzplans vorerst verhindert, um alle Einsprüche dagegen von den entsprechenden juristischen Instanzen behandeln zu können sind (siehe dazu auch: http://www.nzz.ch/international/amerika/us-supreme-court-obamas-klimaschutz-ausgesetzt-ld.5172).

Geeignet sind u. a. auch ein Beitrag im Deutschlandfunk mit dem Titel „Klimawandel – USA und China erkennen reale Gefahr" (http://www.deutschlandfunk.de/klimawandel-usa-und-china-erkennen-reale-gefahr.697.de.html?dram:article_id=303204) sowie ein Beitrag der Heinrich Böll Stiftung mit dem Titel „Obamas Kohleausstieg – und was die Deutschen davon lernen können" (https://www.boell.de/de/2014/06/06/obamas-kohleausstieg-und-was-die-deutschen-davon-lernen-koennen).

5. Beurteilung und Bewertung

5.1 Bewerten Sie Kanadas Naturraum im Hinblick auf landwirtschaftliche und touristische Nutzungsmöglichkeiten.

Kanada gehört zu den weltweit wichtigsten Exporteuren von Agrarprodukten, obwohl nur rund 8 % der Fläche landwirtschaftlich genutzt werden. Die Betriebe zeichnen sich durch einen hohen Maschinisierungs- und Technisierungsgrad aus. Während die Farmen in den Prärien (östlich der Rocky Mountains; Ölsaaten, Weizen, Hafer, Gerste)

durchschnittlich Flächen von mehr als 300 ha bewirtschaften, liegt die Betriebsgröße in Ostkanada (Obst- und Gemüsekulturen, in geringem Umfang sogar Weinanbau) im Durchschnitt unter 100 ha. Von besonderer Bedeutung ist die Milch- und Viehwirtschaft. Zudem verfügt Kanada über reiche Fischgründe im Bereich des Atlantiks und Pazifiks (Lachs, Kabeljau, Hering, Hummer).

Touristisch gesehen hat nicht nur der Naturraum Kanadas sehr viel zu bieten, vor allem für Naturliebhaber. Die Klimazonen reichen vom Polarklima bis zum gemäßigten Klima. Der größte Teil des Landes aber liegt im Bereich des borealen Klimas (lange und kalte Winter sowie kurze und heiße Sommer). Rund 70 Prozent des Landes sind von Tundra- und Bergregionen bedeckt. In mehr als 40 Nationalparks findet man eine beeindruckende Tier- und Pflanzenwelt (Bisons, Wapitis und zahlreiche seltene Vogelarten) vor. Im nördlichen Teil des Landes haben zudem Wale (Buckelwale), Seehunde und Eisbären ihren Lebensraum gefunden. Aber auch vielfältige Möglichkeiten des Sporttourismus (Wandern, Segeln, Rafting, Angeln, Skifahren, Mountainbiking) können befriedigt werden.

5.2 Beurteilen Sie die zukünftigen Entwicklungstendenzen der angloamerikanischen Großstadt.

Die weitere Siedlungsentwicklung wird vermutlich von drei, sich z. T. widersprechenden Tendenzen geprägt sein. Zum einen wird die Zersiedlung der Landschaft angesichts des immer noch bestehenden Traums vom Häuschen im Grünen sich fortsetzen. Es werden immer mehr Stadtbänder durch das Zusammenwachsen der Städte entstehen. Dadurch werden immer mehr Edge Cities in den bisherigen Randbereichen der Großstädte entstehen, die nicht nur wirtschaftliche Funktionen der Stadtzentren übernehmen, sondern auch administrative und soziale. Dadurch verlieren die CBDs an Bedeutung und die Arbeitsplatzverlagerung an den Stadtrand wird sich fortsetzen.

Dem wird die Gentrifizierung entgegenwirken. Insbesondere Singles und kinderlose Paare schätzen den Vorteil des innenstadtnahen Wohnens in luxuriösen Appartements in der Nähe zu ihren Arbeitsplätzen in der Innenstadt. Sie sparen sich die langen Fahrzeiten in den Rushhours und können das kulturelle Angebot in der Innenstadt besser nutzen.

5.3 „Rohstoffreichtum – Segen oder Fluch für Angloamerika?" Nehmen Sie Stellung.

Diese Antwort ist bei den USA einfach: Segen! Ohne den Rohstoffreichtum wären die industrielle Entwicklung und damit die wirtschaftliche Vormachtstellung der USA wohl nicht möglich gewesen. Wie alle frühindustrialisierten Länder profitierten die Vereinigten Staaten vom Vorhandensein verschiedener und leicht abbaubarer Rohstoffe. Die USA können sich heute sogar den Luxus leisten, die eigenen Bodenschätze zu schonen und notwendige Rohstoffe auf dem Weltmarkt zu kaufen.

5.4 Erörtern Sie, ob und inwieweit die Karikatur der angloamerikanischen Stadtentwicklung entspricht.

Die Karikatur stellt eigentlich nicht die Stadtentwicklung allgemein dar, sondern nur den Trend in der Innenstadt. Dort sind aufgrund der hohen Nachfrage und der extrem gestiegenen Bodenpreise zahllose Wolkenkratzer entstanden. Nach außen hin nimmt die Gebäudehöhe sehr rasch ab, sodass man die imposante Skyline nur im Bereich der CBD hat.

5.5 Beurteilen Sie die zukünftigen Chancen Kanadas im Globalisierungsprozess.

Kanada gehört bereits zur Gruppe der G8, also der acht größten Industrienationen (U.S.A., Deutschland, Japan, Großbritannien, Kanada, Frankreich, Italien und Russland) der Erde, die sich regelmäßig einmal jährlich treffen, um wirtschaftliche Fragen zu besprechen. Zur Beurteilung können Kriterien wie beispielsweise die bisherige wirtschaftliche Entwicklung, die Nachhaltigkeit der Entwicklung, die Wirtschafts- und Außenhandelsstruktur, ausländische Direktinvestitionen, die Rahmenbedingungen der Entwicklung (z. B.: sozio-ökonomische, historisch-politische, physisch-geographische) oder die Entwicklung der Weltwirtschaft als Leitlinien herangezogen werden.

Kanadas Stärken liegen in den großen Rohstoffvorkommen (Ölsande), dem hohen Bildungsniveau und einem starken Bankensystem. Kritisch zu sehen sind die geringe Diversifizierung der Industrie und deren vergleichsweise geringe Produktivität, das nachlassende Wirtschaftswachstum sowie die starke Abhängigkeit vom Rohstoffsektor und von den USA. Unter wirtschaftspolitischen Gesichtspunkten ist die Abkehr vom Protektionismus und die verstärkte Hinwendung zum Ausbau von Freihandelsabkommen ein Weg in die richtige Richtung. In diesem Zusammenhang ist das „Comprehensive Economic and Trade Agreement" (CETA) mit der EU für Kanada das wichtigste Freihandelsprojekt seit NAFTA.

6.3 Eine Klausur zum Üben

Lösungshinweise

1 Beschreiben Sie die Standortfaktoren des Research Triangle Parks.

Der RTP entstand 1959 auf einem im Voraus erstellten Konzept. Von Beginn an vorgesehener Standortvorteil sind die gut geplante Infrastruktur, die günstigen Bodenpreise sowie die finanziellen Vorteile (z. B. verringerte Umsatzsteuer, Steuergutschriften). Weniger günstig ist die Lage zu Absatzmärkten.

Der Park liegt im Umfeld der drei Forschungsuniversitäten Duke University in Durham, North Carolina State University in Raleigh und University of North Carolina in Chapel Hill und der drei Städte Raleigh, Durham und Chapel Hill. Dadurch gibt es ein gutes Angebot an qualifizierten Arbeitskräften. Die Fühlungsvorteile durch die enge Kooperation mit den drei Hochschulen gehören sicher zu den wesentlichen Standortvorteilen. Das hat sich durch entsprechende Agglomerationsvorteile aufgrund der Ansiedlung von zahlreichen Unternehmen unterschiedlicher Branchen erweitert. Schließlich kann der RTP mit niedrigen Lebenshaltungskosten bei hoher Lebensqualität punkten.

2 Vergleichen Sie Entwicklung und Struktur des RTP mit denen des Silicon Valley.

Der RTP ist in seiner Entwicklung und Struktur sehr gut mit dem Silicon Valley vergleichbar. Auch der RTP ist einer der führenden, größten und erfolgreichsten F&E-Parks der Welt. Mit über 200 Unternehmen und insgesamt mehr als 50 000 Mitarbeitern ist der RTP zwar nicht so groß wie das Silicon Valley, aber die Investitionen in F&E lagen bei mehr als dem Doppelten des Durchschnitts in den USA – und auch höher als im Silicon Valley. Allerdings hat das Silicon Valley die weitaus größere Konzentration an Global Playern mit entsprechenden Umsätzen und Mitarbeiterzahlen.

Im Gegensatz zum Silicon Valley ist der RTP planmäßig angelegt und durch noch stärkere staatliche Unterstützung gefördert worden als das Silicon Valley, bei dem v. a. die Rüstungsaufträge enorme Impulse gegeben haben. Ein weiterer Unterschied liegt in dem Image, bei dem das Silicon Valley deutlich vor dem RTP liegt. Für die meisten IT-Spezialisten gilt es als Mekka, während der RTP nur zweite Wahl ist. Das liegt auch an den weiteren weichen Standortfaktoren, bei denen das Valley mit seiner Lage in Kalifornien und dem attraktiven Umfeld den RTP aussticht.

Obwohl der Beginn der Erfolgsgeschichte des Silicon Valley deutlich früher liegt (1920er), haben beide Technologieparks eine ähnlich erfolgreiche Entwicklung genommen und v. a. in der Struktur viele Gemeinsamkeiten. Auch das Silicon Valley weist heute neben seinen „traditionellen" Standbeinen Computer, Halbleitertechnik und Softwareentwicklung viele weitere neue Industriezweige auf. Während der RTP sich auf die Cluster Arzneimittel, Biologische Arbeitsstoffe und Infektionskrankheiten, Agrarbiotechnologie, Digitalisierung im Alltag, Gesundheitswirtschaft, Analytische Messtechnik, Nanotechnologie, Informatik konzentriert, sind es im Silicon Valley v. a. Rüstungsindustrien, Biomedizin und Cleantech.

3 Erörtern Sie, ob und inwieweit die Planung von Technologieparks effektiver ist als wirtschaftliche Entwicklung dem Zufall zu überlassen.

Es gibt für beide Modelle Erfolgs- und Misserfolgsbeispiele. Prinzipiell ist eine planmäßige Anlage insofern sinnvoll, weil man die notwendige Infrastruktur bereits im Vorfeld anlegen kann. Außerdem kann man durch staatliche Unterstützung die Ansiedlung von Unternehmen relativ gut steuern. Schließlich lässt sich durch die Gründung von Universitäten und die Einrichtung von Forschungs- und Entwicklungsinstituten eine gute Zusammenarbeit anbahnen. Gleichwohl ist das Theorie und funktioniert nicht immer in der Praxis. So entscheiden sich Unternehmen nicht immer nur nach ökonomischen Interessen, sodass das Anlocken nicht zwangsläufig funktioniert und ein geplanter Technologiepark auch nicht konkurrenzlos dasteht. Erfolg und gutes Image lassen sich nicht kaufen und auch nicht staatlich bestimmen. Insofern ist das Ansehen nicht programmierbar und der Zuspruch sowohl von Unternehmen als auch von Arbeitskräften nicht vorhersehbar. Schließlich unterliegen Industrien konjunkturellen Schwankungen, die unterschiedlich gut überwunden werden können. Je breiter ein Technologiepark aufgestellt ist, desto krisenresistenter kann er reagieren. Allerdings ist gerade die Entwicklung und Ansiedlung moderner Industriecluster noch schwerer zu steuern als die einfache Gründung eines Technologieparks.